FÁBIO ALEXANDRE COELHO

TUTELA INTERDITAL E CONCRETIZAÇÃO DE DIREITOS

FUNDAMENTOS CONSTITUCIONAIS

2ª EDIÇÃO
REVISTA E ATUALIZADA

FÁBIO ALEXANDRE COELHO

Especialista, Mestre e Doutor em Direito.

Professor do Centro Universitário de Bauru (ITE):
Graduação, Mestrado e Doutorado.

Procurador do Estado – SP

Do mesmo autor:

TUTELA INTERDITAL E CONCRETIZAÇÃO DE DIREITOS: FUNDAMENTOS CONSTITUCIONAIS

FÁBIO ALEXANDRE COELHO

2ª EDIÇÃO – 2020 - REVISTA E AMPLIADA

Livraria e Editora Différe – CNPJ 34.650.618/0001-19

C672 Coelho, Fábio Alexandre
Tutela interdital e concretização de direitos : fundamentos constitucionais / Fábio Alexandre Coelho. -- 2. ed. rev. e ampli. -- Santa Cruz do Rio Pardo, SP : Diffère, 2020.
152 p.

ISBN 978-65-990529-4-1

1. Tutela jurisdicional – Direitos e garantias individuais 2. Tutela jurisdicional – Proteção jurisdicional 3. Capacidade processual – Interdito I. Título.

CDD 342.085

Ficha catalográfica elaborada por Fatima Aparecida Anselmo CRB/8 10250

Livraria e Editora Diffère
Santa Cruz do Rio Pardo – SP - CEP 18900-000
Fone: (14) 99191-7587 (Whatsapp)
E-mail: editoradiffere@gmail.com

Sumário

PODER JUDICIÁRIO E CONCRETIZAÇÃO PROCESSUAL DE DIREITOS

Obtenção da tutela jurisdicional como um direito fundamental

O direito à obtenção da tutela jurisdicional possui no ordenamento jurídico brasileiro um papel de destaque, uma vez que o texto constitucional ressalta que nenhuma lesão ou ameaça a direito poderá ser excluída da apreciação do Poder Judiciário, consagrando, desta forma, o princípio da inafastabilidade da jurisdição, que se traduz no amplo acesso à justiça.

Como não há discussão a respeito da existência do direito à obtenção da tutela jurisdicional, integra a esfera jurídica de todas as pessoas, correspondendo a um direito subjetivo, a exemplo do que ocorreu no período clássico do Direito romano, quando o Estado vedou a autotutela, mas, em contrapartida, colocou à disposição dos interessados o processo para a solução dos conflitos.

O mesmo não pode ser dito em relação ao sentido e alcance dessa importantíssima garantia. Esta colocação fica bem nítida quando observamos as constantes modificações que atingem o processo, o instrumento utilizado pelo Estado para a prestação da tutela jurisdicional, tendo como principal norte a busca pela efetividade.

É, porém, indiscutível que o acesso à justiça não representa apenas o acesso formal aos órgãos jurisdicionais, mas, sobretudo, a obtenção de uma tutela jurisdicional que esteja em consonância com as necessidades do caso concreto, possibilitando, assim, uma efetiva tutela do direito material ou processual que está sendo violado ou ameaçado.

Para o exercício adequado da jurisdição é necessário ainda que sejam vislumbrados com exatidão os atos, fatos, estados ou posições jurídicas que decorrem das normas jurídicas e que são primordiais para garantir a sua efetividade[1], o que ressalta a importância da interpretação e da aplicação das normas jurídicas.

No âmbito do direito fundamental à tutela jurisdicional tambem se inserem a adequação, a justiça e a tempestividade, importantíssimos parâmetros para o exercício legítimo da jurisdição.

A identificação dos contornos da tutela jurisdicional é indispensável para que possamos concluir que a inafastabilidade é um direito fundamental não apenas por força da sua localização no Título II da Constituição, que versa sobre os direitos e as garantias fundamentais, mas também por sua natureza, já que consiste em um mecanismo essencial para a efetiva tutela processual de todas as diferentes pretensões que possam ser veiculadas.

Por ser um direito fundamental, o direito à obtenção da tutela jurisdicional possui aplicação imediata, o que afasta a necessidade de regulamentação para que seja efetivado, já que a vinculação decorre diretamente da Constituição que, consequentemente, também o torna plenamente exigível[2].

A proteção oferecida pelo princípio da inafastabilidade da jurisdição beneficia ao mesmo tempo ao autor e ao réu, obrigando os órgãos jurisdicionais, assim como os demais operadores jurídicos, a levar em consideração todos os interesses que estejam presentes na relação jurídica processual, que, assim, devem ser ponderados à luz do caso concreto nas situações em que estiverem em conflito, como na hipótese de ser concedida a tutela provisória sem a prévia oitiva da parte contrária, tornando o contraditorio diferido.

A prestação da tutela jurisdicional não pode também passar por cima do ordenamento jurídico, especialmente do princípio do devido processo legal. Há, por sinal, inúmeras limitações de ordem jurídica que incidem sobre o exercício da jurisdição e, por isso, não podem ser desprezadas pelo intérprete e aplicador do direito, como é o caso também da adstrição da tutela jurisdicional ao que foi solicitado, a fim de que a imparcialidade dos juízes não seja atingida.

No entanto, a presença de condicionamentos não afasta o dever do Estado de prestar a contento a tutela jurisdicional, trabalho que é facilitado pelo fato de que o ordenamento jurídico brasi-

[1] Virgílio Afonso da Silva, *Direitos fundamentais*: ..., p. 72.
[2] George Marmelstein, *Curso de direitos fundamentais*, p. 17.

leiro consagra inúmeros princípios, possibilitando uma tutela efetiva para os diferentes interesses.

Em suma, a partir do momento em que o texto constitucional atribui à prestação da tutela jurisdicional a natureza de um direito fundamental obriga o Estado a envidar todos os esforços para garantir às pessoas mecanismos que assegurem não apenas a possibilidade de solicitar aos órgãos jurisdicionais a proteção processual, mas, sobretudo, o acesso a meios que sejam céleres, adequados e propiciem uma solução justa para o conflito.

Efetivação de direitos por meio da tutela jurisdicional

Como os direitos reconhecidos pelo ordenamento jurídico nem sempre são observados espontaneamente, e, além disso, surgem inúmeras discussões a respeito do seu verdadeiro significado, é fundamental que os interessados tenham à sua disposição o aparato estatal para que os seus interesses sejam reconhecidos, protegidos e satisfeitos.

A necessidade de concretização alcança uma importância ainda maior quando a discussão diz respeito à efetivação de um direito fundamental, que é assim rotulado por ter sido valorado como imprescindível para a adequada tutela de interesses que estão em um patamar superior.

A situação ganha inclusive contornos mais nítidos quando a eventual ofensa atinge o texto constitucional, impedindo que seja observado em virtude da falta de efetivação de seus comandos.

Os direitos fundamentais são regidos pelo princípio da máxima efetividade, que impõe ao Poder Judiciário que assuma uma postura ativa em sua realização, independentemente do fato de que possam envolver comandos prestacionais que, a princípio, deveriam ser efetivados por intermédio do Poder Legislativo, em decorrência da necessidade de observância do princípio da separação de poderes e da democracia representativa, que impõem que as decisões políticas tenham origem nos representantes escolhidos pelo povo e não nos órgãos jurisdicionais[3].

É que, embora a democracia e a separação de poderes sejam fundamentais num Estado Democrático de Direito, as esco-

[3] George Marmelstein, *Curso de direitos fundamentais*, p. 311.

lhas perpetradas pelo legislador constituinte não podem figurar no texto constitucional como meras recomendações, o que demonstra a imprescindibilidade de uma atuação jurisdicional eficaz, garantindo que as normas jurídicas produzam efeitos práticos, sendo realizadas de maneira concreta, real e imediata[4]. Desse modo, o eventual descompasso entre os preceitos legais de natureza infraconstitucional e o texto constitucional permite que sejam deixados de lado, já que a Constituição é a fonte primária das normas jurídicas e o verdadeiro centro do ordenamento jurídico, prevalecendo, assim, sobre as demais espécies normativas.

Entretanto, a efetivação de direitos pelos órgãos jurisdicionais pode colocar em risco o equilíbrio entre os poderes e, por isso, somente deve ser admitida em situações excepcionais em que estejam em risco outros preceitos constitucionais, como é o caso da previsão de inafastabilidade da jurisdição.

Em especial, a efetivação de direitos fundamentais por meio de órgãos jurisdicionais pode fazer com que ocorra o deslocamento das decisões políticas da esfera legislativa e executiva para a jurisdicional[5], afetando a própria estrutura do Estado Democrático de Direito.

Ainda em relação à efetivação de direitos através do Poder Judiciário, é essencial lembrar que o processo é dotado de caráter instrumental, sendo um meio, um instrumento, para a tutela, em especial, do direito material. Por isso, deve estar em consonância com as situações de necessidade que afloram no âmbito material, o que impõe que suas normas sejam elaboradas, interpretadas e aplicadas com o intento de garantir a efetividade da tutela jurisdicional[6] e, consequentemente, propiciem uma proteção adequada.

O realce à instrumentalidade do processo é fundamental para garantir a realização plena dos direitos, já que a ciência processual alcançou níveis adequados de desenvolvimento e, agora, é preciso que os conceitos elaborados deixem de lado o aspecto metafísico e a falta de endereçamento teleológico[7] e passem a efetivamente contribuir para uma prestação adequada, tempestiva e justa da tutela jurisdicional.

---

[4] Bruno Galindo, *Direitos fundamentais: análise de sua concretização constitucional*, p. 164.
[5] George Marmelstein, *Curso de direitos fundamentais*, p. 311.
[6] Horácio Wanderlei Rodrigues, *Acesso à justiça no direito processual brasileiro*, p. 30.
[7] Cândido Rangel Dinamarco, *A instrumentalidade do processo*, pp. 22-23.

Uma estrutura processual que esteja alheia às necessidades do direito material não atende ao objetivo almejado, sendo, assim, um meio manifestamente inadequado para o fim a que se destina, violando, desta forma, a garantia do devido processo legal. Desse modo, é preciso que a organização do sistema processual, em seus diferentes aspectos técnicos, leve em consideração os valores acolhidos na esfera constitucional, sejam de ordem político-constitucional ou jurídico-material, e garanta a sua efetiva realização social para que o processo possa atender aos anseios da sociedade e cumprir com a sua verdadeira missão[8].

O mesmo vale para a interpretação e a aplicação do direito, pois não basta que existam comandos jurídicos adequados se não são corretamente utilizados pelos operadores jurídicos.

Diante das normas constitucionais que tutelam o processo na ordem jurídica, a obtenção da tutela jurisdicional não deve representar apenas uma aspiração da sociedade, pois basta que ocorra a observância dos princípios constitucionais pelos institutos processuais para que o processo seja efetivamente um instrumento de tutela do direito material[9].

No entanto, a prestação efetiva da tutela jurisdicional requer vários cuidados, dentre os quais a consideração dos interesses de todos os conflitantes e o respeito aos comandos normativos, sobretudo os que decorrem do texto constitucional.

Portanto, é preciso que a efetividade da prestação da tutela jurisdicional seja alcançada sem rupturas com a ordem jurídica, principalmente com o texto constitucional, preservando, assim, o Estado de Direito.

É por isso que abordaremos a efetivação de direitos por meio da tutela jurisdicional dentro dos limites impostos pelo ordenamento jurídico, tendo como principal ponto de apoio os comandos constitucionais.

Efetividade da tutela de direitos

Em virtude de ser imprescindível que o processo seja um instrumento adequado, justo e tempestivo para a tutela do direito

[8] Cândido Rangel Dinamarco, *A instrumentalidade do processo*, p. 24.
[9] Cândido Rangel Dinamarco, *A instrumentalidade do processo*, p. 27.

material, e mesmo processual, apresenta-se a necessidade de que existam diferentes mecanismos processuais que acompanhem a variabilidade do direito material para que todos os interesses possam ser adequadamente tutelados.

Realmente, como existem diferentes tipos de direitos, bem como diversas situações de enquadramento, é necessário que o mesmo ocorra com o direito processual, a fim de que possam ser efetivamente concretizados e, desta forma, as previsões normativas não figurem como meras recomendações ou tenham a sua eficácia reduzida.

A efetivação é uma forma de proteger os direitos, uma vez que não há como assegurar um direito sem garantir a sua observância. Em se tratando do Estado, e particularmente dos órgãos jurisdicionais, o âmbito de proteção de um direito é definido pelo conjunto de ações direcionadas à sua efetiva realização[10].

Na efetivação dos direitos por parte do Poder Judiciário é indispensável que o direito material e os institutos processuais sejam adequadamente considerados e utilizados, já que não se pode admitir que a ausência ou inadequação dos comandos jurídicos ou, o que é pior, a sua inadequada interpretação e aplicação faça com que um direito não seja efetivado.

A concretização possibilita que um direito atenda aos três planos normativos, já que não basta que um direito exista, esteja em consonância com o texto constitucional ou nele encontre origem se não é efetivado.

Na concretização dos direitos é preciso que a ausência de um comando específico não represente um obstáculo intransponível para a sua efetivação. Aliás, essa situação foi contornada em parte pelo texto constitucional ao prever que as normas definidoras de direitos e garantias fundamentais são dotadas de aplicabilidade imediata (§ 1º, do art. 5º, da CF) e colocar à disposição dos interessados o mandado de injunção sempre que a falta de uma norma regulamentadora inviabilize o exercício dos direitos e liberdades constitucionais e as prerrogativas inerentes à nacionalidade, à soberania e à cidadania (inciso LXXI, do art. 5º, da CF).

Essa aplicação dos comandos que versam sobre os direitos fundamentais independentemente de intermediação legislativa decorre do fato de que os direitos e obrigações que decorrem do

[10] Virgílio Afonso da Silva, *Direitos fundamentais*: ..., p. 77.

texto constitucional obrigam de maneira direta e autônoma aos órgãos públicos e aos particulares[11].

Da mesma forma, é preciso reconhecer que decorrem diretamente da Constituição direitos de natureza processual que possibilitam a satisfação das diferentes pretensões.

A possibilidade de que os órgãos jurisdicionais concretizem os direitos mesmo na ausência de regras específicas é decorrência lógica da normatividade do ordenamento jurídico, uma vez que os comandos jurídicos existem para serem aplicados e não simplesmente admirados.

A concretização de direitos ganha ainda mais força em se tratando de direitos fundamentais. Neste caso, a ausência de regulamentação por parte do legislador infraconstitucional possibilita ao Poder Judiciário efetivar o direito ameaçado ou lesado, tendo como suporte para a sua atuação os comandos constitucionais, notadamente os princípios agasalhados pelo legislador constituinte.

Em muitos casos, o amparo concedido pelo ordenamento jurídico possui caráter dúplice quanto à sua fundamentalidade, uma vez que a obtenção da tutela jurisdicional é um direito fundamental que, em muitos casos, é utilizado como instrumento para a obtenção de outro direito fundamental.

Na busca pela efetivação de direitos, principalmente dos que são elementares, é preciso ainda que se reconheça a possibilidade de afastamento dos comandos inadequados para o alcance do desiderato que se tem em mente, o que se justifica, em especial, no campo do direito processual.

Nas situações de ausência ou inadequação da legislação existente o Poder Judiciário contribui para a efetivação de direitos quando supre as omissões ou inadequações legislativas, garantindo a eficácia da ordem jurídica, inclusive na proteção da dimensão negativa das liberdades.

Em todos os casos de concretização de direitos o fundamento último da atuação jurisdicional é o texto constitucional, por servir como suporte de validade de todo o ordenamento jurídico. Em especial, a Constituição possibilita o afastamento da lei quando

[11] George Marmestein, *Curso de direitos fundamentais*, p. 296.

despreza aos valores presentes em seu bojo, impede que sejam efetivados de maneira adequada ou há omissões inaceitáveis que devem ser afastadas para garantir a concretização de direitos.

Em relação ao Poder Judiciário, a tutela jurisdicional encontra embasamento no princípio do devido processo legal, que em seu aspecto substancial reflete a necessidade de que existam mecanismos que tutelem de forma efetiva os diferentes interesses. Para tanto é fundamental a presença de pontos de apoio que tragam em seu seio meios diferenciados de tutela que espelhem a instrumentalidade processual.

A efetivação dos diferentes interesses por meio da tutela jurisdicional passa também pelo campo cognitivo, sobretudo pela ampliação dos poderes dos juízes, e pela utilização de procedimentos que propiciem a efetiva tutela do direito material, mesmo que tenham que ser reestruturados ou construídos em face de situações concretas.

É preciso, porém, que o aumento dos poderes dos juízes e a variabilidade procedimental estejam em consonância com o texto constitucional e, em última análise, com a estrutura do Estado de Direito.

É necessário por outro lado que não ocorra um apego excessivo à segurança jurídica que supostamente decorre da observância estrita das previsões legislativas, a fim de que não seja inviabilizada a prestação efetiva da tutela jurisdicional. Não é por outra razão que ressaltamos constantemente que os mecanismos a serem utilizados na efetivação de direitos devem ter embasamento constitucional.

Será preciso observar também que a contradição entre os interesses do autor e do réu no processo também estão presentes em outras áreas do ordenamento jurídico, como é o caso do texto constitucional, que, por exemplo, garante ao autor, de um lado, a efetividade na prestação da tutela jurisdicional e ao réu, do outro, o contraditório e a ampla defesa. Dessa forma, a ponderação de diferentes interesses, de valores e princípios deverá pautar o exercício da atividade jurisdicional, garantindo, assim, que a ordem jurídica seja observada e que, em caso de antinomia, prevaleçam os interesses que no caso concreto sejam realmente os merecedores de proteção jurídica.

É por essa razão que os comandos que se relacionam aos direitos fundamentais, tenham ou não origem direta no texto constitucional, como é o caso das normas de natureza processual, devem servir como norte para os órgãos jurisdicionais, uma vez que refletem os valores primordiais acolhidos pelo legislador. Aliás, em inúmeras hipóteses manifesta-se a preocupação no âmbito processual com a efetividade da tutela jurisdicional, embora em muitas situações a proteção existente seja tímida e, consequentemente, incapaz de garantir o objetivo almejado.

Diante das várias situações de incompatibilidade entre os comandos existentes e a efetividade da tutela jurisdicional não há maiores dificuldades em se apontar alguns problemas que surgem com grande intensidade no exercício da atividade jurisdicional.

Em primeiro lugar, é tênue a diferença apresentada pelo sistema processual quanto à natureza do direito tutelado. De fato, há apenas pequenas variações envolvendo a tutela de direitos indisponíveis no âmbito infraconstitucional, numa postura relacionada, basicamente, à amplitude da cognição, refletida na ampliação dos mecanismos de tutela dos interesses do réu.

Outro problema enfrentado é que o procedimento comum, que privilegia a segurança jurídica, continua a ser utilizado de forma majoritária, impedindo que o sistema processual possa responder de forma adequada às diferentes demandas que lhe são submetidas. Por outro lado, os procedimentos especiais nem sempre contribuem de maneira significativa para a efetividade da tutela jurisdicional.

A visão estática a respeito do procedimento, que admite unicamente as variações acolhidas expressamente pelo legislador, também deve ser repensada, já que a generalidade e a abstração dos comandos jurídicos representam em muitos casos um sério obstáculo para a efetividade da tutela jurisdicional. Portanto, é preciso que a unidade do procedimento seja lógica e não prejudique a efetivação dos direitos, como já se nota em relação ao cumprimento da sentença e ao processo de execução.

O exame do princípio do devido processo legal também em sua vertente material ou substancial é outro elemento imprescindível para a efetivação de direitos, já muitas decisões judiciais consagram a instrumentalidade processual sob a ótica formal e não material, desprezando o fato de que o direito material e o processual estão englobados no contexto do devido processo legal.

O maior problema enfrentando na prática é que a busca pela segurança jurídica, expressa na necessidade de uniformidade e previsibilidade, faz com que a forma, como manifestação externa do ato jurídico processual, suplante o próprio direito material sob a assertiva de que serve para propiciar a igualdade processual. Na esfera procedimental, por exemplo, a forma, o modo, o tempo, o lugar e o sujeito que devem praticar um ato processual são muitas vezes considerados de forma isolada, afastando a possibilidade de que o processo seja um verdadeiro instrumento para a tutela do direito material. É por isso que a instrumentalidade material do processo, na busca da efetivação da tutela jurisdicional, com o advento de um processo de resultados, impõe a prevalência do direito material sob o processual, inclusive com o afastamento de regras e dogmas processuais[12].

A adequada consideração dos interesses em disputa também é fundamental para garantir que a tutela jurisdicional seja efetiva. É por isso que nenhum direito ou garantia pode ser absoluto e apreciado de forma isolada, a fim de que não tenhamos um desequilíbrio entre as posições do autor e do réu, em benefício do último, uma vez que a neutralidade legislativa e a omissão judicial atendem mais diretamente aos interesses do réu.

Não podemos deixar de mencionar ainda a necessidade de que os órgãos jurisdicionais realizem os direitos previstos, mesmo que dotados de extrema abstração, e afastem as situações de manifesta inadequação dos comandos de natureza processual.

Em linhas gerais, em duas esferas principais se manifestam os principais problemas relacionados à prestação da tutela jurisdicional, como veremos posteriormente.

A primeira diz respeito à concretização dos comandos jurídicos independentemente da intermediação legislativa e a segunda à existência de meios efetivos de tutela, mesmo que para tanto seja preciso ignorar parte da estrutura processual existente.

Interditos e tutela de direitos

No estudo que desenvolveremos a respeito da concretização de direitos através do exercício da atividade jurisdicional utiliza-

[12] Samuel Vieira Brasil Júnior, *Justiça, direito e processo:* ..., p. 33.

remos como ponto de apoio para criticar o sistema processual a tutela interdital, que era adotado pelos pretores para prestar a tutela jurisdicional em nome do Estado romano.

O modelo romano será importante para que tenhamos um parâmetro para aferir com maior precisão as possibilidades de aperfeiçoamento do sistema processual a partir da ampliação dos poderes dos juízes.

A alusão aos interditos decorre do fato de que o poder de império dos pretores permitia que pudessem se valesse da *aequitas* para superar as dificuldades que envolviam a aplicação do direito, inclusive com a criação de novos comandos baseados em princípios gerais do direito e nas aspirações sociais, e, desse modo, debelar as situações que se apresentavam através da criação ou modificação dos procedimentos existentes.

Todavia, a estrutura da tutela interdital, após a sua análise inicial, será posteriormente compatibilizada com o Estado Democrático de Direito, uma vez que se caracterizava, pelo menos num primeiro momento, pela ampla liberdade conferida ao pretor, situação incompatível com a estrutura jurídica em vigor, que realça a supremacia constitucional, sustentáculo da democracia e da separação de poderes, que servem como mecanismos essenciais para a contenção do arbítrio e, consequentemente, para o exercício do poder. Desse modo, analisaremos inicialmente a essência da tutela interdital e, num segundo momento, verificaremos a sua influência sobre o atual sistema processual, sobretudo a possibilidade de que possa servir como referência para a construção de novos mecanismos processuais que contribuam para a efetividade da tutela jurisdicional.

Antes, porém, de trabalhar de maneira específica com os interditos faremos um breve apanhado a respeito da sua estrutura, apontando os principais aspectos que servirão como norte para o estudo que realizaremos a respeito da sua influência sobre a efetividade da tutela jurisdicional.

A propósito, os interditos abrangiam o âmbito material e o processual, com a criação ou modificação dos institutos existentes, sendo que a criação pretoriana de novos comandos jurídicos ou modificação dos preexistentes utilizava como referencial os princípios gerais do direito, que eram considerados comandos suprapositivos.

Além do aspecto normativo, expresso nos princípios gerais de direito, a criação pretoriana levava em consideração também o aspecto sociológico, já que as modificações ou alterações efetuadas procuravam refletir os anseios da sociedade, a quem o pretor prestava contas.

A criação pretoriana era dotada de caráter negativo e positivo. O aspecto negativo era representado pelo afastamento ou desprezo do direito existente, tal como ocorre atualmente quando uma norma jurídica é inconstitucional. Sob o enfoque positivo, a criação traduzia o estabelecimento de comandos jurídicos que substituíam os existentes ou supriam as omissões legislativas em virtude de ofenderem a equidade, num modelo que guarda relação no Estado moderno com a existência de valores essenciais, sobretudo os que integram os textos constitucionais.

Em última instância, a criação pretoriana pode ser comparada à utilização do texto constitucional para a elaboração de juízos negativos e positivos de constitucionalidade, a primeira hipótese representada pela retirada do ordenamento jurídico de uma norma que fere a Constituição e a segunda pela adaptação de um comando jurídico ao seu texto.

A compatibilização que procuraremos fazer do poder pretoriano ao quadro normativo atual ressaltará a possibilidade de que ocorra a construção jurídica para propiciar a efetividade do ordenamento jurídico. Para tanto, defenderemos que a ampliação dos poderes dos juízes deve se basear em elementos jurídicos (*intranormativos*), observar a superioridade normativa da Constituição, a razoabilidade e, em especial, o princípio da separação de poderes.

Voltando à análise da estrutura da tutela interdital, manifestava-se por meio do estabelecimento de comandos direcionados a situações concretas. No entanto, muitas das situações direcionadas inicialmente à tutela de situações específicas foram posteriormente generalizadas, em virtude de serem seguidas, com o passar do tempo, por outros pretores.

Importante também era a tutela diferenciada concedida pelos pretores quando consideravam que as previsões existentes eram insuficientes ou inadequadas para possibilitar a correta solução de um conflito. Neste caso, estabeleciam novos mecanismos, tendo como elemento central a situação de direito material e como principal fundamento a equidade.

A tutela diferenciada ofertada pelo pretor era voltada à solução de situações de urgência, nas quais o pretor se valia do seu poder de autoridade estatal (*imperium*) para afastar as omissões ou a inadequação do Direito civil (*jus civile*) em relação às necessidades sociais[13].

Todos os mecanismos utilizados pelos pretores guardavam relação com o espírito prático romano, que se voltava à busca de uma proteção real, garantindo às partes, principalmente ao autor, uma tutela expedita e efetiva, que concretizasse realmente a proteção almejada[14].

Merece realce também a preocupação pretoriana com a imposição de sanções para que as suas determinações fossem observadas, independentemente de previsão legal, conduta que também se baseava na estreita relação entre a atuação pretoriana e a realidade, pois já se constatava que não bastaria impor uma determinada conduta se a previsão não fosse acompanhada de uma sanção.

Em outras palavras, os pretores constataram que a efetividade de uma determinação judicial (preceito primário) requer também a presença da sanção (preceito secundário), tal como é apregoado em se tratando da estrutura das normas jurídicas em geral e, particularmente, com os comandos de natureza penal.

Como forma de exteriorização do poder pretoriano, os interditos interferiam na própria essência da atividade jurisdicional, tendo em vista que exteriorizavam a ampliação do poder dos pretores na solução do conflito, inclusive com a possibilidade de modificação do procedimento utilizado.

---

[13] Maria Cristina da Silva Carmignani, *A origem romana da tutela antecipada*, p. 17.
[14] Maria Cristina da Silva Carmignani, *A origem romana da tutela antecipada*, p. 18.

Interditos

No Direito romano, os interditos eram ordens emanadas dos pretores que impunham o imediato cumprimento de obrigações de dar, de fazer ou de não fazer, conforme expresso na seguinte definição das Institutas de Justiniano[15] (Título XV. Dos interditos):

> "os interditos eram fórmulas, ou palavras solenes, pelas quais o pretor ordenava, ou proibia ao réu que fizesse alguma coisa, e principalmente se utilizavam nas questões sobre a posse e a quase posse".

No mesmo sentido, De Plácido e Silva ressaltou o fato de que os interditos se referiam a ordens emanadas de magistrados para a defesa de interesses ofendidos ou ameaçados[16].

Através dos interditos o pretor romano ordenava, a pedido de um particular, que outro particular adotasse certo comportamento, a fim de que fosse observado um direito que estava sendo ofendido ou ameaçado[17], o que enquadrava a tutela interdital como um meio de coação indireta[18], embora fosse possível também a execução forçada da ordem (*executio manu militari*)[19].

O pedido formulado pelo postulante também poderia ser rejeitado pelo pretor, havendo, assim, dois tipos de provimentos decisórios[20]:

a) o que acolhia a pretensão do postulante (*editio interdicti*);

b) o que rejeitava a proteção interdital almejada (*denegatio interdicti*).

---

15 *Instituições de Justiniano*, p. 273.

16 *Vocabulário jurídico*, Vols. I e II, p. 495.

17 Galeno Lacerda, *Mandados e sentenças liminares: contribuição para a reforma processual*, p. 54. In: Revista da Faculdade de direito da Universidade de Uberlândia. Uberlândia – MG. V. 1. N. 1. 1972, p. 1-214.

18 José Rogério Cruz e Tucci e Luiz Carlos de Azevedo, *Lições de história ...*, pp. 112-113.

19 Giuseppe Gandolfi, *Contributo allo studio del processo interditalle romano*, p. 14.

20 Arnaldo Biscardi, *La protezione interdittale nel processo romano*, p. 53.

Os elementos constitutivos da pronúncia pretoriana, conforme fosse acolhida ou não a pretensão do postulante, apresentavam os seguintes contornos[21]:

a) *Acolhimento do pedido formulado*

1º - Importava no reconhecimento da necessidade da proteção postulada e no fato de se enquadrar no rol de atribuições do pretor;

2º - Levava à expedição de uma ordem que tinha como destinatário o impetrado;

3º - Havia uma condição positiva ou negativa que deveria ser observada pelo impetrado.

b) *Rejeição do pedido formulado*

1º - Implicava no reconhecimento da inexistência dos elementos que possibilitariam a proteção interdital;

2º - Era expedido um comando dirigido ao impetrante que manifestava a denegação do pedido de tutela.

A origem dos interditos decorre, sobretudo, do fato de que no Direito romano as leis eram escassas em relação aos costumes e à jurisprudência, fontes não escritas do direito, o que explica "a fluidez, a espontaneidade e o dinamismo com que se formaram e desenvolveram as instituições jurídicas romanas"[22].

Os interditos também decorriam do espírito prático dos jurisconsultos romanos, que eram contrários à adoção de regras gerais por possuírem clara percepção dos problemas que poderiam surgir caso a previsão legal existente não se compatibilizasse com as exigências do caso concreto[23]. É por isso que as leis romanas se caracterizavam pelo casuísmo e o pretor podia estabelecer comandos para situações concretas, de acordo com a situação.

Os interditos se vinculavam ao poder de império ou autoridade do Estado, tanto que na primeira fase da História Romana,

---

[21] Arnaldo Biscardi, *La protezione interdittale nel processo romano*, pp. 53-55.
[22] A. Santos Justo, *Direito Privado Romano* – I. Parte geral: ..., p. 20.
[23] A. Santos Justo, *Direito Privado Romano* – I. Parte geral: ..., p. 21.

após a fundação da *Urbs*, o *imperium* era exercido apenas pelo rei, tido como o magistrado supremo e o pontífice máximo[24].

Em sua essência, os interditos fundavam-se nos princípios gerais de direito e na equidade, sendo a segunda fonte utilizada para garantir que o direito existente pudesse se compatibilizar com o caso concreto, permitindo, desta forma, que os preceitos jurídicos estivessem em consonância com "os multiformes casos práticos da vida"[25].

O poder concedido aos pretores de determinar aos particulares a prática de atos (decretos) ou a sua omissão (interditos propriamente ditos), essência do poder de *imperium*, era amparado pela imposição de multas (coerção indireta) e medidas executivas (coerção direta)[26]. Além disso, para obrigar as partes à observância de suas decisões o pretor poderia determinar a apreensão e destruição de um objeto do rebelde, bem como deixar de lhe oferecer qualquer tipo de proteção jurídica[27].

Finalidade dos interditos

Como salientado anteriormente, os interditos eram ordens emanadas dos pretores romanos que impunham o cumprimento de obrigações de dar, de fazer e de não fazer, sendo, por isso, classificados em interditos restitutórios, exibitórios ou proibitórios[28].

Os interditos que se voltavam ao cumprimento de prestações de dar e de fazer, sendo, portanto, de natureza comissiva, eram chamados de decretos, sendo representados por comandos de exibição (*exhibeas*) ou restituição (*restituas*)[29].

De forma diversa, quando as ordens expedidas exteriorizavam situações de omissão, particularmente um não fazer, eram chamados de interditos propriamente ditos, já que buscavam impedir, vedar, afastar a prática de uma determinada conduta considerada contrária ao direito.

---

[24] J. M. Othon Sidou, *Processo civil comparado*: ..., p. 31.
[25] Mário Curtis Giordani, *Iniciação ao direito romano*, p. 67.
[26] Ebert Chamoun, *Instituições de direito romano*, p. 110.
[27] Pietro Bonfante, *História do direito romano*, Vol. I, p. 333.
[28] Galeno Lacerda, *Mandados e sentenças liminares: contribuição para a reforma processual*, p. 54. In: Revista da Faculdade de direito da Universidade de Uberlândia. Uberlândia – MG. V. 1. N. 1. 1972, p. 1-214.
[29] Galeno Lacerda, *Mandados e sentenças liminares: contribuição para a reforma processual*, p. 54. In: Revista da Faculdade de direito da Universidade de Uberlândia. Uberlândia – MG. V. 1. N. 1. 1972, p. 1-214.

Ainda no que concerne à finalidade dos interditos, tinham como objetivo imediato suprir a ausência ou obscuridade da lei no que diz respeito à proteção judiciária, assim como a inexistência de uma previsão normativa adequada ao caso concreto. É por isso que para entender melhor o desempenho das funções do pretor é essencial recordar, primeiro, que, para os romanos, somente poderiam ser reconhecidos e protegidos os direitos que estivessem amparados por uma ação (*actio*) ou pudessem ser tutelados pelas fórmulas (*formulae*) e, segundo, que no poder de império dos pretores estava incluída a possibilidade de estabelecerem mecanismos para a tutela dos diferentes direitos[30].

O Direito pretoriano alcançou o seu auge quando da expansão do Império Romano, que, por sua vez, fez com que surgissem situações não contempladas pelo Direito Civil, que, além disso, se voltava exclusivamente para a tutela dos interesses dos cidadãos romanos.

Os pretores combateram ainda as falhas do Direito civil romano elaborando princípios negativos que serviram para afastá-lo em diferentes situações e que se encontram expressos em institutos como as ações de rescisão, as exceções, a restituição integral e, em geral, em todos os remédios previstos para o afastamento das iniquidades do Direito civil[31].

Natureza dos interditos

A natureza dos interditos no Direito romano é objeto de grande discussão. A maior parte dos romanistas sustenta que os interditos possuíam natureza administrativa e não jurisdicional, uma vez que se baseavam numa cognição sumária e, assim, a proteção oferecida possuía caráter provisório, já que a coisa julgada, para os romanos, num posicionamento que prevalece até hoje, somente poderia se manifestar num juízo de cognição exauriente.

Maria Helena Diniz, por exemplo, defendeu a natureza administrativa dos interditos ao defini-los como ordens administrativas,

[30] J. M. Othon Sidou, *Processo civil comparado*: ..., p. 29.
[31] Pietro Bonfante, *História do direito romano*, Vol. I, p. 337.

emanadas de um magistrado, com base em seu poder de império[32].

Da mesma forma, Antonio Fernández de Buján ressalta a natureza administrativa dos interditos ao aduzir que eram ordens de caráter administrativo que procuravam tutelar a paz social e resolver em um curto espaço de tempo uma controvérsia, sendo que poderiam corresponder a ordens de exibição (*interdictos exhibitorios*), de restituição a uma situação anterior (*interdictos restitutorios*) ou de proibição de adoção de um determinado comportamento (*interdictos prohibitorios*)[33].

No rol dos defensores da natureza administrativa dos interditos há inclusive os que os enquadram na esfera da proteção extraprocessual dos direitos, ao lado de medidas como a imissão na posse e a *restitutio in integrum*, em virtude de não haver uma participação mais incisiva dos interessados[34], tendo em vista que a cognição realizada pelo pretor era sumária, o que impedia, inclusive, que levasse à produção de coisa julgada, como a pouco mencionado.

Os defensores da natureza administrativa dos interditos salientam também que ultrapassavam as funções cometidas aos magistrados romanos e tinham como finalidade direta a tutela do interesse público, sendo o interesse do autor apenas indiretamente protegido[35].

Em sentido contrário, há o entendimento de que os interditos possuíam natureza jurisdicional, sendo voltados para a tutela de situações concretas em caráter definitivo, havendo, no caso, uma verdadeira decisão de mérito, embora a cognição desenvolvida fosse sumária[36] e se afastasse do procedimento usualmente adotado, sendo, assim, um mecanismo de tutela processual extraordinária.

Também é ressaltado pelos defensores da natureza jurisdicional dos interditos que os pretores não eram encarregados da tutela dos bens públicos e que a sua intervenção buscava a tutela

---

[32] De Plácido e Silva, *Vocabulário jurídico*, Vols. I e II, p. 495.

[33] Antonio Fernández de Buján, *Jurisdicción y arbitraje en Derecho Romano*, p. 184.

[34] J. M. Othon Sidou, *Processo civil comparado*: ..., p. 43.

[35] Giuseppe Gandolfi, *Contributo allo studio del processo interditalle romano*, p. 25.

[36] Galeno Lacerda, Galeno Lacerda, *Mandados e sentenças liminares: contribuição para a reforma processual*, p. 55. In: Revista da Faculdade de direito da Universidade de Uberlândia. Uberlândia – MG. V. 1. N. 1. 1972.

direta dos interesses privados, ficando o interesse da coletividade apenas indiretamente protegido[37].

O cerne da discussão, quando transportada para os dias atuais, está relacionado à possibilidade ou não de produção de coisa julgada em relação a situações em que a cognição é limitada, ocorrendo apenas um juízo sumário a respeito da controvérsia, baseado na mera verossimilhança e probabilidade[38].

Ao se considerar que a atuação jurisdicional está sempre relacionada à cognição plena e exauriente os juízos sumários deixam de ostentar natureza jurisdicional e, por exclusão, são considerados de natureza administrativa. Desse modo, a natureza do direito alegado fica em segundo plano, pois o mais importante é que sejam observadas todas as etapas que, na ótica do legislador, possibilitam o desenvolvimento pleno da cognição.

Trata-se, em outras palavras, do entendimento de que a forma deve prevalecer sobre a essência, o que faz com que a cognição sumária somente possa ser considerada de natureza jurisdicional quando for provisória.

O afastamento da natureza jurisdicional dos interditos romanos decorre também do entendimento de que a atividade jurisdicional somente estava presente quando o pretor concedia a ação (processo por *legis actiones*) ou a fórmula (processo *per formulas*) para que os contendores pudessem fazer valer o seu suposto direito junto a um juiz privado (*procedimento bifásico*).

Essa última hipótese está baseada na seguinte diferença da ação (*actio*) em relação ao interdito (*interdictum*): no desempenho da ação o pretor analisava apenas a regularidade do procedimento, uma vez que a solução do conflito estava a cargo de um particular, enquanto que nos interditos o juiz era o responsável direto pela solução do conflito.

No caso, como os interditos estavam relacionados ao sistema da ordem dos juízos privados (*ordo iudiciorum privatorum*), em que a função do pretor era apenas a de organizar a discussão e remeter as partes a um juiz (*iudex*) para que solucionasse o con-

[37] Giuseppe Gandolfi, *Contributo allo studio del processo interditalle romano*, p. 26.
[38] Maria Cristina da Silva Carmignani, *A origem romana da tutela antecipada*, p. 35.

flito, a solução direta do conflito pelo pretor, dentro desse sistema, fugia da visão romana a respeito da atividade jurisdicional[39].

Portanto, a jurisdição no Direito romano não significava a aplicação coativa do direito ao caso concreto por um órgão do Estado, já que dependia de um contrato (*litis contestatio*) para que fosse realizada e a solução do conflito era obra de um particular (*iudex*)[40].

A propósito, a denominação *litis contestatio* para identificar a formalização do acordo entre as partes decorria do fato de que nos primeiros tempos o ajuste entre os contendores se produzia com a participação de testemunhas (*contestatio*), a fim de que dessem fé do acordo firmado[41].

Discricionariedade na expedição de interditos

Em virtude do fato de que os interditos se direcionavam para a tutela de direitos fundamentais para a sociedade romana, e se encontravam amparados pelos editos dos pretores, que descreviam como se daria a sua atuação, é comum que se afirme que a discricionariedade estava ausente na concessão da proteção interdital.

No entanto, muitas situações não amparadas expressamente pelos editos eram também tuteladas pelos pretores, o que permite concluir que nem sempre a análise da causa pelo pretor (*cognitio causa*) representava o reconhecimento da conformidade da situação apresentada a uma previsão legal hipotética[42].

Na prática, quando se levava ao conhecimento do pretor uma situação fática em que era evidente a ofensa ou ameaça a uma situação de fato considerada merecedora de proteção jurídica, era oferecida, de plano, a proteção almejada, uma vez que "o poder ilimitado, encerrado no *imperium* do pretor, permitia-lhe também levar em conta as novas necessidades criadas pela crescente intensidade e complexidade da vida econômica e que não estavam reguladas pelo *jus civile*"[43].

---

[39] Maria Cristina da Silva Carmignani, *A origem romana da tutela antecipada*, pp. 37-38.
[40] Arnaldo Biscardi, *La protezione interdittale nel processo romano*, pp. 56-57.
[41] Antonio Fernández de Buján, *Jurisdicción y arbitraje en Derecho Romano*, pp. 20 e 21.
[42] Arnaldo Biscardi, *La protezione interdittale nel processo romano*, p. 46.
[43] Mário Curtis Giordani, *Iniciação ao direito romano*, p. 77.

Eram inúmeras inclusive as determinações pretorianas que ressaltavam a presença da discricionariedade na administração da justiça pelo pretor, como é o caso dos seguintes exemplos:

a) *Estipulações pretorianas* (*stipulaciones praetoriane*) – "promessas solenes que o magistrado exigia [de uma parte em relação à outra] para assegurar a continuação e a eficácia de um processo de sua alçada ou para proteger fora dele certas pretensões"[44];

b) *Imissão na posse* (*missiones in possessionem*) – consistia em autorizações de apoderamento do patrimônio (*missio in bona*) ou de coisas determinadas (*misso in rem*) conferidas a uma pessoa para forçar uma das partes da controvérsia a realizar certa atividade[45];

c) *Restituição integral* (*restitutiones in integrum*) – determinação pretoriana (*decreto*) baseada na equidade que afastava o efeito de um ato jurídico baseado no Direito civil (*jus civile*), determinando o retorno das partes ao estado anterior (*in statu quo ante*)[46], que surgia quando o magistrado considerava que o resultado produzido com a aplicação excessivamente rigorosa do Direito civil (*ius civile*) produzia um resultado injusto e não havia qualquer outro remédio processual que pudesse solucionar o problema[47]. Desse modo, através da *restitutio in integrum* era afastado o comando de natureza civil que havia sido aplicado ao caso concreto, colocando as partes na situação em que anteriormente se encontravam[48].

A verossimilhança era suficiente para que fosse concedida ao particular a proteção interdital, que, assim, adquiria caráter definitivo perante o pretor, sendo colocado em primeiro plano o seu poder de *imperium* e a boa-fé do requerente da proteção.

Os pretores decidiam com discricionariedade apenas por levarem em consideração as circunstâncias que cercavam o caso concreto, que definiam a conveniência e a oportunidade da proteção, bem como o seu respectivo teor[49].

---

[44] Ebert Chamoun, *Instituições de direito romano*, p. 128.
[45] Ebert Chamoun, *Instituições de direito romano*, p. 129.
[46] Ebert Chamoun, *Instituições de direito romano*, p. 129.
[47] Antonio Fernández de Buján, *Jurisdicción y arbitraje en Derecho Romano*, pp. 192 e 193.
[48] José Cretella Júnior, *Curso de direito romano: ...*, p. 305.
[49] Kazuo Watanabe, *Da cognição no processo civil*, p. 65.

O amplo poder dos pretores decorria do fato de serem representantes do Estado romano. É por isso que expediam preceitos imperativos direcionados à solução definitiva da controvérsia, fazendo valer a sua autoridade[50].

No entanto, a discricionariedade de que gozavam inicialmente os pretores foi aos poucos desaparecendo. Num primeiro momento, foi limitada pelo fato de que os mecanismos de proteção usualmente adotados foram sendo inseridos nos editos[51]. Numa etapa posterior, surgiu a obrigação, através da *Lex Cornelia de Iurisdictione*, do ano 67 a.C, de que os pretores respeitassem os termos dos seus editos, a fim de que fossem afastados os abusos[52], situação que se manifestava, sobretudo, quando era expedido o *edito repentino*, elaborado em caráter emergencial para uma circunstância anteriormente não prevista[53].

Outro aspecto importante foi o surgimento de regras gerais nos editos em razão da utilização de parte dos comandos dos editos anteriores pelos novos pretores, o que levou à criação paulatina de regras gerais e, desse modo, conduziu ao surgimento de decisões uniformes a respeito de determinadas matérias, que passaram assim a refletir o próprio Direito romano e, consequentemente, se tornaram obrigatórias para os cidadãos[54].

Posteriormente, com o fortalecimento da atividade legislativa, em decorrência da ampliação do campo normativo, a discricionariedade foi cada vez mais esvaziada, a ponto de finalmente praticamente desaparecer.

A liberdade de que gozava inicialmente o pretor estava relacionada, em especial, ao fato de que as ações processuais eram reputadas pelos romanos institutos de direito privado (*ius privatum*), uma vez que não havia uma distinção nítida entre o direito material e o processual, que eram considerados da mesma natureza. Dessa forma, a ação seguia a natureza privada do direito em discussão, posição que somente foi alterada a partir do período pós-clássico, na fase da *cognitio extra ordinem*, quando se passou a reputar que a solução de conflitos se relaciona ao interesse público[55]. Sendo assim, num primeiro momento não se vis-

---

[50] Arnaldo Biscardi, *La protezione interdittale nel processo romano*, p. 17.
[51] Kazuo Watanabe, *Da cognição no processo civil*, p. 65.
[52] A. Santos Justo, *Direito Privado Romano* – I. Parte geral: ..., p. 37.
[53] José Cretella Júnior, *Curso de direito romano: ...*, p. 36.
[54] Charles Maynz, *Cours de droit romain*, Tome Premier, p. 221.
[55] Antonio Guarino, *Profilo di diritto privato romano*, p. 168.

lumbrou a necessidade de se estabelecer regras mais rigorosas para a prestação da jurisdição, que, por sua vez, pudessem controlar a atuação do pretor.

Tutela de direitos e tutela de pretensões

O ordenamento jurídico romano, por força da atuação pretoriana no campo da tutela interdital, diferenciava, na prática, a tutela de pretensões da tutela de direitos. O mecanismo para a tutela de pretensões era a *actio*, enquanto que os interditos se voltavam para a tutela de direitos.

Quando era veiculada uma pretensão, assim considerada uma mera hipótese de ofensa ou ameaça a um direito, que, além disso, não era considerado fundamental e manifesta a existência de uma conduta que o contrariasse, a tutela jurisdicional somente ocorria após a declaração do direito.

Os direitos fundamentais, por sua vez, eram tutelados através dos interditos, em que a cognição realizada era sumária, por força do reconhecimento da importância da tutela imediata do direito e do seu enquadramento como sendo um direito indiscutível e perfeitamente delimitado, a exemplo da certeza e liquidez que devem estar atualmente presentes para a tutela de um direito através do mandado de segurança.

Sob a ótica processual, a diferenciação entre a tutela veiculada por meio da ação (*actio*) ou dos interditos (*interdictum*) se baseava no entendimento de que existem hipóteses em que não se discute a princípio a existência do direito, quando se encontram presentes determinados fatos, restando apenas ao Poder Judiciário efetivá-lo de imediato, tal como ocorre com a tutela da evidência prevista no Código de Processo Civil brasileiro.

Trata-se, em outras palavras, da diferenciação entre *lide com controvérsia* e *lide sem controvérsia*, sendo que na primeira hipótese é preciso que seja desenvolvida uma ampla cognição para que possa ser comprovada a existência do direito e, em seguida, ser protegido, o que faz com que os maiores ônus processuais recaiam sobre o autor, enquanto que na segunda hipótese a existência do direito é presumida, cabendo ao réu demonstrar a sua inexistência, fazendo, assim, com que os maiores ônus processuais recaiam sobre o réu.

A propósito, os reflexos da diferenciação entre lide com controvérsia e lide sem controvérsia na atuação do Poder Judiciário são imensos, interferindo diretamente no desenvolvimento do processo e na amplitude dos poderes dos juízes, como bem ressalta o texto abaixo, elaborado por Galeno Lacerda, que fez a leitura do tema à luz do sistema processual:

> O procedimento comum ou ordinário pressupõe a existência de lide com controvérsia. Daí, a necessidade de assegurar-se *ab-initio* uma rígida posição de igualdade entre as partes no processo de cognição. Daí, o ônus do contraditório recair sobre o autor, pois não se lhe presume, desde logo, a titularidade do direito. É bem possível que o réu tenha razão. Daí, a ausência inicial de atos imperativos de autoridade. Daí, a presença neutra e igualitária das audiências de instrução, sem compromisso com qualquer das partes.
>
> Quando, porém, não houver razão de ser para esta presunção inicial de igualdade entre as partes, ou porque milite em favor do demandante um título líquido e certo, ou porque o interesse público ou o social exijam reconhecimento provisório, *a priori*, das razões deste, não se justifica a manutenção de um modelo processual previsto para outra finalidade.
>
> Aqui, a presunção inicial, portanto, é a da existência de uma lide sem controvérsia. Nada impede, portanto, a expedição de mandado liminar, em favor da tutela requerida. Cumprido aquele, de duas uma, ou o réu efetivamente não contesta e, nestas circunstâncias, nenhum sentido teria a audiência comum, podendo, assim, a cognição terminar imediatamente; ou opõe-se ao pedido, assumindo, então, o ônus da iniciativa do contraditório[56].

Por falar nisso, o sistema processual brasileiro, de forma tímida, acolheu a diferenciação entre a tutela de direitos e de pretensões ao prever inúmeras situações de flexibilização de procedimentos, aumentar o poder de império dos juízes e, sobretudo, possibilitar a tutela da evidência.

Origem dos interditos

A maior parte dos estudiosos do Direito romano afirma que, historicamente, os interditos se ligam ao período das ações da lei (*legis actiones*), por força das lacunas e iniquidades existentes no Direito civil (*jus civile*), que levaram os pretores a criar uma forma

---

[56] Galeno Lacerda, *Mandados e sentenças liminares: contribuição para a reforma processual*, pp. 65-66. In: Revista da Faculdade de direito da Universidade de Uberlândia. Uberlândia – MG. V. 1. N. 1. 1972, p. 1-214.

de solução diferente (*extra ordinem*) para resolver de maneira mais rápida e justa os conflitos que lhes eram submetidos[57].

Sob o aspecto subjetivo, os interditos decorriam diretamente do poder de criação do pretor romano. Por isso, é mencionado pelos romanistas que consistam numa criação do direito pretoriano.

Esse poder criativo dos pretores é, por sinal, reconhecido pelo próprio Digesto de Justiniano[58], na parte referente à Justiça e ao Direito (Livro I. D.1.1.7.1), em que aponta expressamente que a utilização dos interditos possibilitava aos pretores auxiliar, suprir ou corrigir o *ius civile*.

No Digesto é também expressamente reconhecido que o Direito pretoriano ou honorário é uma das vozes ou fontes do Direito civil, o que não deixa qualquer dúvida a respeito do poder criativo do pretor e, em especial, da visão prática dos romanos, que consideravam que o magistrado, à luz do *caso* concreto, poderia auxiliar, suprir ou corrigir as falhas decorrentes da atividade legislativa. Dessa forma, os interditos exteriorizavam o entendimento de que a forma adequada de proteção de um interesse não pode ficar a cargo exclusivo do legislador, a fim de que não se coloque em risco a possibilidade de uma tutela adequada e célere.

A possibilidade de corrigir a proteção oferecida pelo Direito civil realça o papel de destaque dos pretores e, em particular, o respeito devotado pelos romanos às situações concretas, em virtude da adoção do entendimento de que a igualdade é um dos elementos constitutivos da justiça e que impõe o mesmo tratamento a situações idênticas e diferenciado a situações distintas[59].

No que se refere à estrutura "processual" da tutela prestada, o édito, mecanismo primário de manifestação do pretor, e, consequentemente, do seu poder de império, apresentava, em linhas gerais, as seguintes características[60]:

1ª - Não estava organizado de maneira sistemática, com base em uma estruturação teórica, e, sim, de forma prática, o que realça o fato de que era construído progressivamente;

---

[57] Maria Cristina da Silva Carmignani, *A origem romana da tutela antecipada*, pp. 31-34.
[58] *Digesto de Justiniano, liber primus: introdução ao direito Romano*, p. 20.
[59] A. Santos Justo, *Direito Privado Romano* – I. Parte geral: ..., p. 29.
[60] Mario Bretone, *História do direito romano*, p. 108.

2ª - Tratava basicamente de cinco assuntos, assim distribuídos:

a) introdução do litígio e o seu desenvolvimento perante o magistrado;

b) jurisdição ordinária e meios urgentes de tutela jurídica;

c) execução da sentença;

d) processo de falência sobre os devedores insolventes;

e) interditos, exceções processuais e estipulações pretorianas.

A ampliação do poder pretoriano fez com que surgisse o seguinte dualismo no Direito romano: de um lado figurava o Direito civil, o Direito das XII Tábuas e das Leis Comiciales, os costumes e a jurisprudência e, do outro, o direito que emanava do pretor, chamado Direito pretoriano ou Direito honorário (*ius honorarium*)[61].

As ações civis se baseavam em uma norma de Direito civil, em uma lei pública ou em uma fonte assimilada à lei, enquanto que as ações pretorianas no poder de império dos pretores[62].

As ações pretorianas (ou honorárias) podem ser subdivididas em quatro tipos[63]:

a) as ações úteis;

b) as ações fictícias;

c) as ações pelo fato (*in factum*);

d) as ações com transposição de sujeitos.

As ações úteis abrangiam as hipóteses em que o pretor estendia a uma situação não prevista um comando existente em uma ação civil em virtude da semelhança entre as duas situações[64].

São rotuladas de ações fictícias as hipóteses em que o pretor indicava a um magistrado que solucionasse um conflito utilizando uma ação civil, embora estivesse ausente um dos requisitos para

---

[61] Pietro Bonfante, *História do direito romano*, Vol. I, p. 336.
[62] Antonio Fernández de Buján, *Jurisdicción y arbitraje en Derecho Romano*, p. 135.
[63] Antonio Fernández de Buján, *Jurisdicción y arbitraje en Derecho Romano*, p. 135.
[64] Antonio Fernández de Buján, *Jurisdicción y arbitraje en Derecho Romano*, p. 136.

o seu manejo. Neste caso, o pretor determinava ao juiz que procedesse como se o requisito estivesse presente[65].

As ações fundadas em fatos são representadas pelas hipóteses em que o pretor protegia situações de fato não previstas pelo Direito civil, conferindo-lhes, assim, enquadramento jurídico, por considerá-las suscetíveis de tutela jurídica[66].

Por derradeiro, existiam as ações com transposição de sujeitos, que se manifestavam quando o pretor substituía o demandado por outra pessoa diferente na condenação, como na eventualidade de o demandado estar sob o pátrio poder de outra pessoa[67].

Fundamento dos interditos

Para trabalhar com o fundamento dos interditos é preciso recordar que os ditadores, cônsules e pretores, identificados como os mais altos magistrados romanos, eram dotados de amplos poderes, que eram designados como poderes de império[68] ou simplesmente de *potestas*[69].

O poder de império (ou de autoridade suprema) representava o poder necessário para o desempenho das atribuições de natureza civil, militar e jurisdicional que eram cometidas aos magistrados superiores[70], como ocorre atualmente quando se assimila o império ao Estado, notadamente à sua soberania, que se manifesta por meio das atividades legislativa, executiva e jurisdicional.

Inicialmente o poder de império era exercido pelos reis em Roma, tendo caráter absoluto. Em seu bojo estava compreendido, em especial, o poder militar. No entanto, no contexto do poder de império também estava abrangido o exercício da atividade jurisdicional, que era desempenhada diretamente pelo rei ou por ele delegada a outras pessoas, que a exerciam em seu nome. Com o advento da República os reis foram substituídos pelos cônsules. Todavia, a República se caracterizou pela separação do *ius* em relação ao *iudicium*, o que obrigou os cônsules a delegar o poder de julgar (*iudicium*) a um juiz privado. Posteriormente, a *iurisdictio*

[65] Antonio Fernández de Buján, *Jurisdicción y arbitraje en Derecho Romano*, p. 136.
[66] Antonio Fernández de Buján, *Jurisdicción y arbitraje en Derecho Romano*, p. 136.
[67] Antonio Fernández de Buján, *Jurisdicción y arbitraje en Derecho Romano*, pp. 136 e 137.
[68] Mário Curtis Giordani, *Iniciação ao direito romano*, p. 130.
[69] Eugène Henri Joseph Petit, *Tratado elementar de direito romano*, p. 815.
[70] Mário Curtis Giordani, *Iniciação ao direito romano*, p. 131.

foi transferida ao pretor, em razão da criação do pretório[71]. Desse modo, o poder de império ou potestas representava, por excelência, o poder supremo que os magistrados (ou pretores) herdaram do poder real em virtude de uma lei *curiate*[72], que, por sua vez, estava relacionada aos comicíos *curiates*, que constituíam a mais antiga Assembleia Legislativa de Roma[73].

Os interditos encontravam suporte no poder de império dos magistrados, que, em síntese, correspondia ao poder supremo conferido a algumas autoridades públicas para o desempenho adequado de suas atribuições e que no caso dos magistrados que o possuíam compreendia o exercício da administração da justiça, com todos os poderes a ela inerentes.

Portanto, a tutela interdital consistia em um provimento decisório emanado de um magistrado investido do poder de império que, com base no seu poder de decisão, encerrava uma demanda que lhe era submetida[74].

O poder de império dos pretores se manifestou no período clássico do Direito romano, que representa o seu auge, e que, cronologicamente, vai do século II a.C. até o século III d.C[75].

Existiam magistrados romanos que eram despidos do poder de império. Por isso, quando se ressalta a presença dos interditos é comum que se afirme que se originavam de atos de magistrados que no desempenho da atividade jurisdicional gozavam do poder de império (atos *magis imperii quam jurisdictionis*). Sendo assim, o fundamento jurídico do poder interdital dos pretores não é o fato de terem recebido uma parcela do poder legislativo de forma direta ou delegada, mas pura e simplesmente o fato de serem dotados do poder de império, através do qual expediam ordens que eram obrigatórias durante o período de sua investidura[76].

Em se tratando de atividade jurisdicional, os interditos, como um dos meios de manifestação do poder de império dos magistrados, possibilitavam a imediata satisfação do direito lesado ou ameaçado, sendo a tutela mandamental o mecanismo primordialmente utilizado.

---

[71] Rene Foignet, *Manual elemental de derecho romano*, p. 246.
[72] Charles Maynz, *Cours de droit romain*, Tome Premier, p.106.
[73] Filippo Serafini, *Istituzioni di diritto romano: comparato col diritto civile patrio*, Vol. I, p.
[74] Arnaldo Biscardi, *La protezione interdittale nel processo romano*, p. 35.
[75] Flávia Lages de Castro, *História do direito: geral e Brasil*, p. 85.
[76] Pietro Bonfante, *História do direito romano*, Vol. I, p. 334.

Outro aspecto importante relacionado aos interditos é que, como ressaltado anteriormente, eram utilizados para complementar e corrigir a tutela jurisdicional dos direitos, tendo como principal fonte de inspiração a equidade[77].

Por serem fundados no poder de império do magistrado, que era dotado de grande amplitude, os interditos garantiam uma tutela jurisdicional efetiva, uma vez que possibilitavam a manifestação imediata de todas as atividades que são modernamente desempenhadas pelo Poder Judiciário: a cognição, a execução e o resguardo da atividade processual. Aliás, o enfraquecimento do poder dos magistrados romanos guarda estreita relação com o desenvolvimento do entendimento de que no seio da atividade jurisdicional não se compreendem os atos de mando que são próprios da atividade executiva, de essência administrativa, e, consequentemente, que há separação entre cognição e execução, o que apenas recentemente foi afastado no sistema jurídico brasileiro com a adoção de um modelo de processo sincrético.

A separação entre cognição e execução ou a junção entre as duas situações, a última hipótese representando a exteriorização dos atos de império, esteve presente no rol de poderes conferidos aos magistrados romanos, uma vez que nem todos eram dotados do poder de império, e o mesmo ocorria em se tratando dos juízes privados, que também não eram dotados do poder de império.

De forma mais específica, é possível observar que, num primeiro momento, a jurisdição correspondia a uma das faculdades inerentes ao poder de império do magistrado, refletindo a possibilidade de dirigir o processo nos litígios cíveis. Dessa forma, para exercer a jurisdição era necessária a presença do poder de império (*iudicia quae imperio continentur*).

No entanto, posteriormente houve a separação do poder de império em relação à jurisdição, sendo que esta última passou a ser delegada a magistrados que não possuíam o poder de *imperium*.

Por fim, com o passar do tempo a *iurisdictio* passou a ser um poder distinto do império, embora não fosse independente deste, uma vez que correspondia ao seu fundamento[78], levando ao en-

---

[77] José Rogério Cruz e Tucci e Luiz Carlos de Azevedo, *Lições de história ...*, p. 111.
[78] Antonio Fernández de Buján, *Jurisdicción y arbitraje en Derecho Romano*, p. 15.

fraquecimento do poder dos magistrados, já que foram despidos do poder de expedir ordens e adotar as providências necessárias para o seu cumprimento.

Em outras palavras, com o desaparecimento do poder de império houve o esvaziamento do poder dos pretores, tendo em vista que foram despidos de um real atributo de poder[79], intimamente relacionado à autoridade e, processualmente, à efetividade da jurisdição.

Natureza jurisdicional dos interditos

Existem duas posições a respeito da natureza dos interditos. A primeira sustenta que possuíam natureza jurisdicional, manifestando-se através de um procedimento autônomo, fixado pelo pretor, em que estava presente a cognição, embora fosse realizada de maneira sumária. No caso, há o entendimento de que a limitação do campo cognitivo não descaracteriza a atividade como de natureza jurisdicional.

De forma diversa, há também o entendimento de que o comando emitido pelo pretor somente era apto à solução definitiva do litígio quando era acatado. Do contrário, seria necessária a instauração de um processo em que se garantia com maior amplitude o contraditório entre as partes, como ressaltado por J. M. Othon Sidou [80], que apontou que, quando era expedida a ordem judicial e prontamente observada pelo seu destinatário, o procedimento se encerrava, mas era possível que o demandado, dispondo de provas suficientes, debatesse as alegações formuladas, fazendo com que o interdito se convertesse automaticamente numa *actio*.

Dito de outra forma, comumente é ressaltado que quando a ordem do pretor não era observada surgia um processo, de desenvolvimento ordinário, no qual seria aferido se a determinação pretoriana havia sido efetivamente desobedecida, o que, para muitos estudiosos, tornava o interdito um procedimento mais administrativo do que jurisdicional[81].

Essa última posição coloca a decisão do pretor e, consequentemente, o seu poder de império num plano secundário, já

---

79 João Baptista da Silva, *Processo romano: instrumento de eficácia jurisdicional*, p. 50.
80 *Processo civil comparado*: ..., p. 44.
81 Pietro Bonfante, *História do direito romano*, Vol. I, p. 333.

que a coloca como um conselho e não como uma verdadeira ordem, salvo quando era espontaneamente observada.

A segunda postura apresentada decorre do entendimento de que a jurisdição no Direito romano compreendia apenas o poder conferido ao pretor de dirigir o processo, sendo unicamente um administrador supremo[82], uma vez que a solução do conflito ficava sob a responsabilidade de um particular.

No caso, como formalmente o desenvolvimento do processo perante o pretor (*in jure*) tinha como objetivo unicamente a organização do juízo (*ordinatio judicii*), uma vez que o exame do fato e a aplicação do direito ficavam a cargo de um juiz privado (*arbiter*)[83], a jurisdição no Direito romano não se identificava pela atividade de solução do conflito e imposição da decisão, como ocorria em se tratando dos interditos, que, desta forma, foram considerados atos de natureza administrativa.

Em especial, o ofício do pretor (ou magistrado) era representado pelas expressões *edicere*, *jus dicere*, que estavam relacionadas ao ato de declarar o direito por intermédio de um edito, e, desta forma, à declaração ou dicção do direito (*iurisdictio*), enquanto que a participação do juiz se caracterizada por judicar, julgar, correspondendo a examinar e terminar o litígio, decidindo-o de forma definitiva através de uma sentença[84].

Entretanto, independentemente da postura adotada quando à natureza dos interditos, é indiscutível que contribuíram decisivamente para que modernamente fosse adotado o entendimento de que a jurisdição não é uma atividade meramente declaratória, aspecto fundamental para possibilitar a tutela plena e imediata dos direitos, sobretudo dos considerados fundamentais.

Os interditos contribuíram, portanto, para que a jurisdição não se tornasse uma atividade restrita ao ato de conhecer do litígio e solucioná-lo, remetendo a execução ou satisfação a um momento posterior, o que é fundamental na tutela dos direitos em geral e, sobretudo, dos fundamentais, que deve ocorrer de forma plena e imediata.

---

[82] Pietro Bonfante, *História do direito romano*, Vol. I, p. 331.
[83] Benjamin Colucci, *Direito romano: ...*, p. 388.
[84] M. Ortolán, *Compendio del derecho romano*, p. 160.

É por isso que, quanto maior a limitação no poder de império dos magistrados, maiores são, em contrapartida, os problemas que as partes enfrentam para a tutela efetiva, adequada e justa dos seus interesses. Não é por outra razão que a separação da jurisdição (*iurisdictio*) em relação ao império (*imperii*), que vigorava no sistema processual brasileiro, dando origem a duas relações jurídicas processuais distintas, uma voltada para o exercício da atividade cognitiva e a outra para a executiva, foi aos poucos abandonada, levando a um grande avanço na busca por um processo de resultados.

Características dos interditos

Algumas características são identificadas nos interditos. A primeira delas é o fato de que, por decorrerem do poder de império, apresentavam variações, a fim de que as diferentes situações apresentadas ao pretor recebessem uma tutela adequada.

Outro aspecto importante é que a cognição realizada pelo pretor era sumária, baseando-se na verossimilhança das alegações, podendo haver a concessão (*edere* ou *editio interdicti*) ou denegação (*denegatio interdicti*) da proteção solicitada[85], a exemplo do modelo seguido atualmente para a tutela de situações consideradas de urgência ou evidência pelo legislador.

No aspecto procedimental, estava presente a sumariedade e, consequentemente, a celeridade, uma vez que a tutela interdital se direcionava para a proteção de direitos considerados fundamentais pela sociedade romana e que, aparentemente, estavam cabalmente comprovados.

O fato de a tutela interdital se caracterizar pela limitação cognitiva e pela utilização de um procedimento sumário fez com que a maioria dos seus estudiosos sustentasse que a ordem expedida somente colocava fim ao litígio quando espontaneamente observada, sendo possível, inclusive, que a parte interessada provocasse a instauração de um procedimento de natureza ordinária para a reapreciação do litígio e, se fosse o caso, para a revogação da ordem expedida, que, desta forma, assumia um caráter hipotético e condicional[86].

---

[85] José Rogério Cruz e Tucci e Luiz Carlos de Azevedo, *Lições de história* ..., p. 114.
[86] José Rogério Cruz e Tucci e Luiz Carlos de Azevedo, *Lições de história* ..., p. 114.

Portanto, trabalha-se com o entendimento de que o interdito, em razão do seu caráter de urgência, não possibilitava o prévio acertamento da questão de fundo afirmada pelo requerente, que, consequentemente, era uma "*causa non cognita*", o que permitia ao destinatário da ordem provocar uma manifestação prévia de um tribunal, voltada ao acertamento da sua suposta infração, caso não desejasse observá-la[87].

Em sentido oposto, há os romanistas que consideram que a amplitude dos poderes conferidos aos pretores dotados do poder de império torna inconcebível considerar a ordem por eles emitida válida apenas na hipótese de ser espontaneamente observada ou desde que mantida pelo magistrado que fosse eventualmente provocado para reapreciar o litígio, como se tivesse caráter hipotético e condicional.

Por fim, há ainda uma terceira posição, intermediária, que sustenta que em alguns casos a ordem expedida pelo pretor era absoluta, sendo, assim, incondicionada, o que ocorria em se tratando de interditos proibitórios quando presente a confissão. No entanto, essa posição é bastante contestada, uma vez que os romanos não consideravam a confissão uma prova absoluta e sim dúbia[88].

A propósito, essa discussão acerca da natureza jurisdicional ou não dos poderes pretorianos é extremamente importante para a eficácia da tutela jurisdicional, uma vez que o acolhimento da primeira posição pela maioria dos doutrinadores pátrios fez com que o sistema processual brasileiro adotasse o entendimento de que nos procedimentos de cognição sumária a tutela jurisdicional é sempre provisória.

Procedimento dos interditos

O procedimento interdital compreendia inicialmente o ato de postulação do interessado e se desenvolvia até a pronúncia pretoriana, que poderia representar o acolhimento ou a denegação da proteção solicitada. Sendo assim, para que ocorresse a concessão da proteção interdital era necessário, em primeiro lugar, que o

[87] Antonio Guarino, *Profilo di diritto privato romano*, p. 192.
[88] Giuseppe Gandolfi, *Contributo allo studio del processo interditalle romano*, pp. 14-15.

interessado a solicitasse ao pretor, o que deveria ocorrer de forma oral.

Na postulação interdital (*postulatio interdicti*), o interessado deveria narrar os fatos que caracterizavam a situação de lesão ou ameaça ao seu direito e justificar a necessidade de que recebesse uma proteção imediata[89].

Para a maioria dos doutrinadores, porém, a parte contrária também participava do procedimento, sendo a sua presença obrigatória para que o interdito fosse proferido, e o seu chamamento a juízo (*ius vocatio*) era realizado pelo autor[90].

O destinatário do interdito, caso acolhido, poderia impugnar o mecanismo utilizado, sustentando que não se encontrava presente nos editos do pretor, assim como nos fatos narrados pelo autor, mediante a solicitação de inclusão de uma exceção (*exceptio*) no interdito[91].

Ao apreciar o pedido formulado, o pretor poderia rejeitá-lo ou acolher a postulação. Quando considerava que os argumentos apresentados não justificavam a proteção solicitada, sendo, portanto, infundada a pretensão formulada, o pretor denegava a ordem (*denegare interdictum*). Neste caso, a decisão de denegação era considerada definitiva (*decretum* definitivo)[92].

Para aferir se a proteção interdital deveria ser concedida ou não, o pretor realizava uma cognição sumária dos fatos e das provas que haviam sido apresentadas pelas partes (*causae cognitio*), desenvolvendo, portanto, um juízo de simples verossimilhança[93].

A limitação da cognição nos interditos decorria da relevância dos bens jurídicos supostamente ofendidos e da urgência da situação, o que, para a maioria dos romanistas, possibilitava o surgimento de uma ação posterior (*actio ex interdictio*), caracterizada pela cognição exauriente, quando a ordem emitida fosse desrespeitada ou simplesmente contestada por seu destinatário.

Na eventualidade de ser observada a ordem pretoriana, a sua decisão se tornava definitiva, não obstante o juízo sumário realizado quando da sua concessão. É por isso, inclusive, que há

---

[89] José Rogério Cruz e Tucci e Luiz Carlos de Azevedo, *Lições de história ...*, p. 114.
[90] Maria Cristina da Silva Carmignani, *A origem romana da tutela antecipada*, p. 45.
[91] Maria Cristina da Silva Carmignani, *A origem romana da tutela antecipada*, p. 45.
[92] José Rogério Cruz e Tucci e Luiz Carlos de Azevedo, *Lições de história ...*, p. 114.
[93] Maria Cristina da Silva Carmignani, *A origem romana da tutela antecipada*, pp. 40-41.

autores que falam em "estabilização da tutela antecipada", sendo que a natureza do provimento jurisdicional decorria da sumariedade da cognição realizada pelo pretor, que o tornava um comando condicionado à aceitação do destinatário[94].

Na hipótese de a situação apresentada ao pretor demandar a proteção almejada era concedido um comando específico, de natureza interdital, voltado à sua proteção (*edere interdictum*)[95], dotado de caráter satisfativo, embora pudesse ser objeto de impugnação.

No entanto, para que a pretensão formulada fosse acolhida pelo pretor, havendo a concessão do comando postulado (*edere interdictum*), era necessário que estivesse prevista no seu edito, que estabelecia as hipóteses e as formas de prestação da proteção interdital.

Era possível ainda que o pretor utilizasse a fórmula prevista em seu edital para uma situação análoga (*interdictum utile*) ou concedesse uma proteção interdital específica para a tutela da situação nova que lhe havia sido apresentada (*interdicta repentina*)[96].

Nem sempre era observado assim um procedimento preestabelecido, que poderia ostentar caráter peremptório, já que era comum a adaptação dos requisitos dos editais ao caso concreto, o que realçava a discricionariedade pretoriana, presente inclusive no âmbito de cognição realizada, que variava consoante o escopo perseguido[97].

A proteção interdital também beneficiava ao réu, uma vez que também era utilizada para a criação de exceções, que, por sinal, representavam o mecanismo mais poderoso do poder pretoriano, já que se voltavam diretamente contra o Direito civil romano e as situações de iniquidade nele previstas[98].

Por fim, é necessário lembrar novamente que se o destinatário do comando o impugnasse ou simplesmente deixasse de cumpri-lo surgia na sequência um procedimento ordinário (*actio*

---

94 Maria Cristina da Silva Carmignani, *A origem romana da tutela antecipada*, p. 40.
95 José Rogério Cruz e Tucci e Luiz Carlos de Azevedo, *Lições de história* ..., p. 114.
96 José Rogério Cruz e Tucci e Luiz Carlos de Azevedo, *Lições de história* ..., p. 114.
97 Arnaldo Biscardi, *La protezione interdittale nel processo romano*, pp. 33-34.
98 Pietro Bonfante, *História do direito romano*, Vol. I, p. 575.

ex interdicto), formular, de caráter exauriente, a fim de que fosse aferido se estavam realmente presentes os requisitos para a concessão da proteção interdital[99], o que tornava o provimento que concedia o interdito hipotético[100] para a maioria dos romanistas.

Manifestação do direito pretoriano

O Direito pretoriano tinha como fonte de manifestação primária os editos, que descreviam as hipóteses e os requisitos para a obtenção da tutela pretoriana, como pode ser observado na seguinte passagem do Digesto de Justiniano[101] (Livro I. D. 1.2.2.10):

> No mesmo tempo também os magistrados atribuíam os direitos e, para que os cidadãos soubessem qual o direito que cada um estaria para receber como ordem, relativo a cada um dos assuntos, e para que eles se precavessem, propunham os editos. Estes editos dos pretores constituíam o direito honorário: diz-se honorário porque vinha da honra do pretor.

No que diz respeito à definição de editos e ao poder de editá-los, as duas situações estão definidas da seguinte forma nas Institutas do Jurisconsulto Gaio[102]:

> *Editos são ordens dadas pelos que têm o direito de editá-las.* Ora, o direito de promulgar editos têm-no os magistrados do povo romano, mais o mais amplo dos direitos é o dos editos dos dois pretores, o urbano e o peregrino.

Os editos se relacionavam ao poder do pretor de editar (*jus edicendi*) normas e definições a respeito de como seria a sua atuação durante o seu mandato[103]. Sob o aspecto etimológico, o edito está relacionado a *ex dictum*, que quer dizer proclamar, expor de forma solene, uma vez que, em sua origem, eram proclamações orais dirigidas pelo pretor ao povo[104]. Num sentido amplo, edito é toda ordenança publicada por um magistrado[105].

Os editos tratavam de vários assuntos e, por isso, compreendiam vários dispositivos, que, por sua vez, apontavam as re-

---

[99] Maria Cristina da Silva Carmignani, *A origem romana da tutela antecipada*, p. 46.
[100] Arnaldo Biscardi, *La protezione interdittale nel processo romano*, p. 55.
[101] *Digesto de Justiniano, liber primus: introdução ao direito romano*, p. 27.
[102] *Institutas do Jurisconsulto Gaio*, p. 38.
[103] João Baptista da Silva, *Processo romano: instrumento de eficácia jurisdicional*, p. 28.
[104] José Cretella Júnior, *Curso de direito romano*: ..., p. 36.
[105] Charles Maynz, *Cours de droit romain*, Tome Premier, p. 219.

gras e as orientações que seriam seguidas pelos magistrados romanos quando do desempenho de suas funções[106].

Dentre os aspectos versados pelos editos constatavam também os mecanismos que seriam utilizados para garantir a execução das leis e preencher as lacunas eventualmente existentes[107].

No que se refere à solução de conflitos, os editos correspondiam ao programa temporário apresentado pelo pretor a respeito das diretrizes que deveriam ser seguidas pelos interessados na administração da justiça[108].

Sob a ótica do pretor, o edito representava os princípios que seriam considerados para a apreciação e decisão das diferentes questões que lhe fossem submetidas[109].

Os éditos também vinculavam o pretor, que, para a correta administração da justiça, também deveria seguir às determinações previstas, que eram anunciadas no princípio do ano[110], coincidindo, cronologicamente, com o período de sua investidura.

Ainda a respeito da expedição de éditos, o pretor, assim como os demais magistrados romanos, gozava do direito de dirigir comunicações ao povo sobre qualquer tipo de assunto que estivesse relacionado às suas atribuições[111].

Os editos eram, portanto, proclamações ou anúncios de diversos tipos que, como a pouco mencionado, eram inicialmente comunicados oralmente ao povo e, posteriormente, passaram a ser publicados por escrito no Fórum sobre tábuas de madeira envelhecida, a fim de que houvesse publicidade[112].

Outro aspecto importante a respeito dos editos é que encontravam uma forma particular de manifestação nos interditos, que representavam, em sua essência, a um edito relacionado a duas pessoas: *inter duos edictum*. Por isso, interdito (*inter dicer*) é dizer algo que envolve duas pessoas (*inter duos edicere*). Além disso, é possível concluir que outros diferentes meios de exteriorização do

---

[106] Benjamin Colucci, *Direito romano: ...*, pp. 23-24.
[107] Benjamin Colucci, *Direito romano: ...*, p. 24.
[108] J. M. Othon Sidou, *Processo civil comparado: ...*, p. 29.
[109] Charles Maynz, *Cours de droit romain*, Tome Premier, p. 219.
[110] Pietro Bonfante, *História do direito romano*, Vol. I, p. 335.
[111] Pietro Bonfante, *História do direito romano*, Vol. I, p. 334.
[112] Mario Bretone, *História do direito romano*, pp. 106-107.

poder do pretor se ligam aos editos: *jus dicere*, *addicere*, *interdicere*[113].

Quanto à origem da tutela interdital pretoriana, prevalece o entendimento de que os editos surgiram em razão do fato de que as ações da lei (*legis actiones*), anteriormente utilizadas para a tutela dos direitos, eram escassas e de aplicação apenas nas situações expressamente previstas[114], o que levou o pretor a ampliar as suas hipóteses de atuação.

É comum que seja apontado inclusive que o Direito civil romano como um todo não conseguia atender às situações relacionadas à transformação dos costumes e ao progresso alcançado pela nação romana, o que fez com que a opinião pública passasse a postular mudanças, que em muitas oportunidades foram realizadas pelos pretores, que se consideravam legítimos intérpretes dos anseios populares[115].

Todavia, há também o entendimento de que os interditos não se ligaram historicamente à omissão legislativa, como defendido por Galeno Lacerda[116] na seguinte passagem:

> Os estudos mais recentes convêm em que essa forma simples e direta de tutela jurídica foi contemporânea senão que anterior ao período das *legis actiones*, cujo formalismo complexo e sofisticado denunciaria estágio posterior de evolução social. Não têm razão, assim, os autores que explicam o aparecimento dos interditos pela necessidade de suprir-se a falta de ações do *ius civile*, visto como aqueles teriam sido mais antigos do que estas [117].

A definição a respeito da origem dos interditos é extremamente importante para que possa ser estabelecida com maior precisão a sua essência e o estudo realizado possa contribuir para o avanço do direito processual, tendo em vista que o reconhecimento do entendimento de que os interditos não ostentavam caráter subsidiário em relação à proteção legislativa possibilita que se defenda que o mesmo modelo deve ser observado no

---

[113] M. Ortolán, *Compendio del derecho romano*, p. 179.
[114] José Rogério Cruz e Tucci e Luiz Carlos de Azevedo, *Lições de história ...*, p. 53.
[115] Benjamin Colucci, op. cit., p. 26.
[116] *Mandados e sentenças liminares: contribuição para a reforma processual*, p. 54. In: Revista da Faculdade de direito da Universidade de Uberlândia. Uberlândia – MG. V. 1. N. 1. 1972, p. 1-214.
[117] Galeno Lacerda, Galeno Lacerda, *Mandados e sentenças liminares: contribuição para a reforma processual*, p. 54. In: Revista da Faculdade de direito da Universidade de Uberlândia. Uberlândia – MG. V. 1. N. 1. 1972.

direito atual, possibilitando, desta forma, uma tutela jurisdicional mais efetiva.

Procedimento "per formulas" e poder pretoriano

A solução de conflitos com a participação do Estado romano passou por três etapas distintas, que são representadas pelos seguintes sistemas:

a) das ações da lei (*actio legis*);

b) formulário (*per formulas*); e

c) da cognição extraordinária (*cognitio extra ordinem*).

No período das ações da lei e no formulário o processo era dividido em duas fases. Na primeira, as partes compareciam perante o pretor, que verificava, inicialmente, se a pretensão formulada estava amparada por uma das ações da lei e, posteriormente, quando as ações da lei deixaram de ser utilizadas, se estava tutelada pelo seu edito ou, ainda, se era possível conceder a proteção almejada no caso concreto, independentemente de fazer parte do âmbito da proteção inicialmente estabelecida em seu edito.

Havendo previsão de tutela, a instância era organizada e, a seguir, as partes firmavam um contrato, denominado *litis contestatio*, no qual se comprometiam a aceitar a decisão que viesse a ser proferida a respeito do litígio.

A fase da *litis contestatio* abrangia também a escolha de um juiz para solucionar o conflito. Para tanto, o pretor apresentava às partes uma lista (*album*) com o nome de alguns particulares que poderiam atuar como juízes (*iudex*) e, desta forma, solucionar o conflito. Era possível, ainda que o pretor escolhesse um juiz e o submetesse às partes[118]. Da mesma forma, era possível que o juiz ou juízes fossem escolhidos diretamente pelas partes.

Com o encerramento da *litis contestatio*, identificada como fase *in iure,* surgia uma nova etapa, chamada *in iudicio*, em que o pretor era substituído por um particular, o *iudex*, que ficava responsável pela realização dos atos necessários para a solução do

---

[118] Luiz Carlos de Azevedo e Moacyr Lobo da Costa, *Estudos de história do processo: ...*, p. 30.

conflito. No entanto, a execução da sentença proferida pelo *iudex*, caso não fosse espontaneamente observada, era da incumbência do pretor[119].

No sistema da cognição extraordinária (*cognitio extra ordinem*) a situação era distinta, uma vez que não havia a separação da instância em duas etapas, já que o pretor era também o responsável pela solução do conflito, por força da concentração da atividade jurisdicional no Estado.

Esses diferentes sistemas – das ações da lei, formulário e da cognição extraordinária – apresentam características específicas, que serão abordadas a seguir, a partir do exame particularizado de cada um deles, tendo como ponto de partida o sistema das ações da lei.

O sistema das ações da lei é o mais antigo de todos, correspondendo ao procedimento que era inicialmente adotado pelos antigos aldeões, com base em usos e costumes. Trata-se de um procedimento criado para ser utilizado apenas em situações envolvendo os cidadãos romanos[120].

A fonte das ações da lei era o Direito civil romano (*ius civile*), composto pela Lei das XII Tábuas e por leis posteriores, que, em virtude do aspecto sacro que as cercava, fazia com que também o procedimento de solução de conflitos fosse permeado de formalismos e ritos simbólicos, cuja mínima violação fazia com que o ato perdesse completamente a sua validade[121].

Em todo o desenvolvimento do procedimento imperavam atos, gestos e fórmulas rituais de caráter místico e religioso, sendo que a maioria das formalidades não guardava qualquer relação lógica com a questão debatida[122].

O procedimento das ações da lei, chamado pelas fontes de *iudicium legitimum* por ter como embasamento a lei, somente poderia ser utilizado para resolver controvérsias entre os cidadãos romanos[123], como foi inicialmente ressaltado.

---

[119] Luiz Carlos de Azevedo e Moacyr Lobo da Costa, *Estudos de história do processo: ...*, p. 30.
[120] Carlos Alberto Alvaro de Oliveira, *Do formalismo no processo civil*, p. 16.
[121] Carlos Alberto Alvaro de Oliveira, *Do formalismo no processo civil*, p. 16.
[122] Carlos Alberto Alvaro de Oliveira, *Do formalismo no processo civil*, p. 16.
[123] Antonio Fernández de Buján, *Jurisdicción y arbitraje en Derecho Romano*, p. 18.

O procedimento formular é o segundo sistema existente. Inicialmente era utilizado em conjunto com as ações da lei e, posteriormente, passou a ser o único a ser usado.

Num primeiro momento, quando as partes não poderiam se valer das ações da lei, em virtude da inexistência de previsão quanto à controvérsia, era comum que levassem ao pretor os termos concretos de sua controvérsia e o pretor elaborasse uma formulação alternativa, baseada nos poderes que constavam do seu edito (*formulae edictale*)[124].

Da mesma forma, o poder de império dos pretores (*iudicia imperio continentur*) era utilizado para a solução de conflitos entre os cidadãos romanos e os estrangeiros ou destes entre si, já que as ações da lei somente eram acessíveis aos cidadãos romanos e o mesmo ocorria com a aplicação do Direito civil romano[125].

Numa etapa posterior, o procedimento das ações da lei é substituído pelo formular, situação que teve início por volta de 200 a.C. e se consolidou com as duas *leges Juliae iudiciarie*, datadas de 30 a.C. a 14 d.C., quando do reinado de Augustus, que tornaram o procedimento formular o meio compulsório e ordinário de solução de conflitos[126].

A expansão do procedimento formulário, substituindo por completo as ações da lei, está relacionada, em especial, à inadequação das ações da lei e à expansão romana pela península itálica.

As ações da lei eram inadequadas pelo fato de que não abarcavam as situações novas, uma vez que somente poderiam ser utilizadas para a realização das pretensões expressamente admitidas em seu bojo.

A expansão territorial romana também contribuiu para o surgimento do procedimento formular em virtude da impossibilidade de que o *ius civile* e a ações da lei nele baseadas fossem aplicados a quem não possuísse a cidadania romana, o que levou à instituição do pretor peregrino e ao surgimento de fórmulas para a

[124] Antonio Guarino, *Profilo di diritto privato romano*, p. 177.
[125] Antonio Fernández de Buján, *Jurisdicción y arbitraje en Derecho Romano*, pp. 19 e 20.
[126] Carlos Alberto Alvaro de Oliveira, *Do formalismo no processo civil*, p. 19.

solução dos conflitos entre os não romanos ou entre romanos e não romanos[127].

Houve, assim, a substituição das ações da lei por fórmulas criadas pelo pretor, que, por sua vez, não se sujeitavam estritamente à lei, que muitas vezes era sequer referida, sendo manifesto, ainda, que em alguns casos o pretor agia de forma discricionária, criando a proteção que reputasse necessária para a tutela do caso concreto[128].

No entanto, a utilização das fórmulas não afastou a divisão do procedimento em duas etapas, pois a principal modificação consistiu na ampliação dos mecanismos de proteção, que não se limitaram mais aos esquemas rígidos das ações da lei, o que aumentou, de maneira acentuada, os poderes dos pretores[129].

A ampliação dos poderes dos pretores fez com que surgissem as ações honorárias ao lado das ações civis, sendo as primeiras as decorrentes dos poderes dos pretores, conforme o seu edito (*edictum magistratuale*) e as necessidades do caso concreto, e as segundas as que se baseavam no Direito civil (*ius civile*) antigo (*vetus*) ou novo *(novum)* ou em suas fontes de integração (*leges*, *senatusconsulta*)[130].

O sistema formulário possibilitava também às partes uma liberdade maior para conseguir uma manifestação judicial (*iudicia*) que refletisse com maior realidade e exatidão as questões debatidas[131].

Por fim, surge o sistema da cognição extraordinária (*cognitio extra ordinem*), que se caracteriza pela quebra da separação entre as fases *in iure* e *apud iudicem*, a primeira que se desenvolvia perante o pretor e a segunda perante um juiz, já que o conflito passou a ser analisado e decidido por um juiz, que, por sua vez, agia em nome do Estado romano. Desse modo, na fase da *cognitio extra ordinem* o processo romano assume caráter público, desaparecendo a visão privada que imperou no transcorrer do processo arcaico (*legis actiones*) e formulário (*per formulas*)[132].

---

[127] Luiz Fux, *Tutela de segurança e tutela da evidência*: ..., p. 158.
[128] Carlos Alberto Alvaro de Oliveira, *Do formalismo no processo civil*, p. 19.
[129] Carlos Alberto Alvaro de Oliveira, *Do formalismo no processo civil*, p. 19.
[130] Antonio Guarino, *Profilo di diritto privato romano*, p. 179.
[131] Antonio Guarino, *Profilo di diritto privato romano*, p. 182.
[132] Carlos Alberto Alvaro de Oliveira, *Do formalismo no processo civil*, p. 21.

Na fase da *cognitio extra ordinem* desapareceu ainda a necessidade de que existisse um acordo prévio entre as partes para que o conflito pudesse ser apreciado pelo Estado, assim como as fórmulas, uma vez que o juiz, na qualidade de representante do Estado, ficou responsável pelo conhecimento da causa, andamento processual, decisão e execução[133], extinguindo-se, desta forma, a bipartição do processo entre, de um lado, um magistrado dotado de autoridade política e, do outro, um juiz privado, que era um cidadão escolhido pelas partes[134]. Além disso, a solução do conflito era baseada em um direito preexistente.

As fórmulas foram substituídas oficialmente pelo procedimento extraordinário em 342 d.C., por meio de uma Constituição de Constâncio[135] e Constante[136], co-imperadores romanos[137].

Fontes de obrigações no Direito romano

O Direito romano previa, expressamente, que as determinações e ordens expedidas pelo pretor seriam obrigatórias e, por isso, cogentes, uma vez que eram enquadradas como fontes de obrigações.

Como exemplo do exposto, encontramos em duas passagens das Institutas de Justiniano referência ao poder criativo dos pretores, que era considerado uma das fontes de obrigações no Direito romano.

A primeira referência ao poder criativo dos pretores encontra-se no Título VI das Institutas de Justiniano, o que pode ser observado com a simples leitura do seguinte trecho:

> O pretor introduziu também, por sua jurisdição, ações pessoais, como a ação de constituto, à qual se assemelhava a ação receptícia. Como por uma constituição nossa, transportamos para a ação de constituto todas as vantagens da ação recepticia, esta, por inútil, desapareceu da nossa legislação. Foi também o pretor quem introduziu as ações até a concorrência do pecúlio

[133] Fábio Alexandre Coelho, *Teoria geral do processo*, p. 18.
[134] Antonio Fernández de Buján, *Jurisdicción y arbitraje en Derecho Romano*, p. 22.
[135] Flavivs Ivlivs Constantivs.
[136] Flavivs Ivlivs Constantivs.
[137] Antonio Fernández de Buján, *Jurisdicción y arbitraje en Derecho Romano*, p. 23.

> dos escravos, e dos filhos de família, a ação pela qual se verifica se o autor jurou, e muitas outras[138].

Também na parte específica, referente às obrigações, as Institutas de Justiniano acolhiam o entendimento de que o poder pretoriano poderia dar origem a obrigações, o que pode ser notado na seguinte passagem:

> Passemos agora às obrigações. A obrigação é um vínculo de direito, formado segundo o nosso direito civil, que nos coage a pagar alguma coisa. 1. A principal divisão das obrigações é em civis ou pretorianas. Obrigações civis são as estabelecidas pelas leis, ou reconhecidas pelo direito civil. Obrigações pretorianas são as que o pretor constitui em virtude de sua jurisdição, e se chamam também honorárias[139].

Esse poder criativo concedido aos pretores contribuía diretamente para a efetivação da tutela jurisdicional, uma vez que, ao contrário dos demais magistrados, os pretores não se limitavam em sua atuação ao reconhecimento do direito, pois também garantiam a sua satisfação, como expõe Ovídio Araújo Baptista da Silva[140]:

> Enquanto o magistrado privado *(iudex)* do procedimento formulário e depois os magistrados do processo extraordinário – já nas fases de desagregação do Império Romano – limitavam-se a produzir sentenças meramente declaratórias do direito controvertido na causa, posto que a *condemnatio*, tanto no direito romano quanto em nossa moderna sentença condenatória, nada mais é, no plano do direito material, do que simples declaração (...), o *praetor* romano, através dos interditos, exercia atividade imperativa, seja promovendo atos executórios, como a *missio in possessionem*, seja ordenando a prática ou a abstenção de certos atos ou determinados comportamentos.

O pretor exercia três funções. A primeira era a de intérprete oficial do Direito existente (*viva vox juris civilis*). A segunda era representada pelo poder de conceder fórmulas, que, por sua vez, abrangia, inclusive, situações não amparadas pelo Direito civil romano, a ponto de se tornar uma verdadeira fonte do direito[141]. A terceira, que nos interessa mais intensamente no momento, consistia na expedição de ordens, de determinações, que representavam a tutela interdital.

---

[138] *Instituições de Justiniano*, p. 245.
[139] *Instituições de Justiniano*, p. 171.
[140] *Jurisdição e execução na tradição romano-canônica*, p. 8.
[141] J. M. Othon Sidou, *A vocação publicística do procedimento romano*, p. 88.

Em especial, o poder interdital dos pretores permitiu que pudessem tutelar com maior rapidez, adequação e justiça as diferentes pretensões que lhe eram apresentadas. Não é por outra razão que quando se faz o cotejo entre o édito e as demais fontes do Direito romano, particularmente a lei e o costume, afirma-se que reúne a precisão da lei e o seu caráter reflexivo, além da elasticidade e mobilidade dos costumes[142].

Existiam, portanto, duas modalidades distintas de "processo" no Direito romano. O primeiro baseado no poder do pretor de conferir ou não a ação postulada e, se fosse o caso, elaborar uma fórmula para a solução da contenda, e o segundo no seu poder de império.

Na primeira hipótese, a instauração, o desenvolvimento e mesmo a eficácia jurídica do processo encontravam fundamento na vontade e atividade das partes, já que a decisão proferida em relação ao conflito somente seria vinculante para os que concordassem previamente em aceitá-la (*litis contestatio*), o que tornava o processo uma relação de natureza eminentemente privada[143].

Quando a decisão se baseava no poder de império do pretor não era preciso que as partes firmassem um prévio acordo para aceitar a decisão proferida, por força do entendimento de que estava presente o interesse público, que era reconhecido no caso concreto pelo pretor, a ponto de se valer inclusive de mecanismos diferenciados de tutela.

Amplitude do poder dos pretores

Conforme vimos anteriormente, o edito servia como embasamento para os pretores desempenharem o seu poder, embora em algumas hipóteses se afastassem de suas disposições.

No rol dos poderes do pretor estavam presentes mecanismos de proteção e de defesa de interesses, inclusive no campo da tutela interdital.

Na proteção de interesses, o interdito consistia em um decreto expedido por um pretor para encerrar uma demanda, sendo

[142] Pietro Bonfante, *História do direito romano*, Vol. I, p. 335.
[143] Carlos Alberto Alvaro de Oliveira, *Do formalismo no processo civil*, pp. 19-20.

representado por ordens (decretos) ou proibições (interditos propriamente ditos).

Inicialmente, os interesses protegidos pelos interditos eram os que se colocavam de maneira mais direta com o interesse público, como é o caso das coisas vinculadas ao direito divino ou religioso, caso dos templos e sepultamentos, e de direito comum ou público, sendo esta última hipótese relacionada, principalmente, aos rios e caminhos públicos[144].

Todavia, a proteção interdital também se manifestava quando a disputa envolvesse interesses privados (*rei familiaris causa*) e situações de urgência, em que era necessária a intervenção imediata de uma autoridade, sobretudo quando pudessem levar ao agravamento do conflito, como as questões possessórias[145].

No que concerne aos mecanismos de defesa, que não foram anteriormente analisados, encontram-se mencionados pelas Institutas do Jurisconsulto Gaio[146], ao tratar das exceções, como expressamente consignado na seguinte passagem:

> Dentre as exceções, algumas são criadas pelo pretor no edito, outras ele as concede quando examina a causa. Todas extraem seu conteúdo das leis, das deliberações com força de lei ou, então, se originam da jurisdição pretoriana.

Os interditos poderiam ser simples ou duplos, sendo que na primeira hipótese somente poderia ser protegido o interesse manifestado pelo demandante e, na segunda, a proteção poderia alcançar, ao mesmo tempo, ao interesse do demandante e do demandado[147].

O pretor era quem formalmente organizava e dirigia o processo, moldando-o aos procedimentos previstos, embora o seu poder permitisse que renovasse o direito existente concedendo ações, exceções e outros meios jurídicos não previstos pelo Direito civil romano[148].

Os interditos eram utilizados pelo pretor para eliminar de plano uma controvérsia, decidindo o litígio existente através da emis-

---

[144] M. Ortolán, *Compendio del derecho romano*, p. 178.
[145] M. Ortolán, *Compendio del derecho romano*, p. 178.
[146] *Institutas do Jurisconsulto Gaio*, p. 212.
[147] Eugène Henri Joseph Petit, *Tratado elementar de direito romano*, p. 914.
[148] Pietro Bonfante, *História do direito romano*, Vol. I, p. 337.

são de uma ordem para que se fizesse ou se deixasse de fazer algo[149].

Todavia, a ordem emitida pelo pretor poderia eventualmente deixar de ser observada. Neste caso, o interessado comparecia perante um magistrado ou tribunal e pedia a imposição de uma penalidade, conforme previsto pelas Institutas do Jurisconsulto Gaio[150]:

> A questão não termina imediatamente com a ordem do pretor, mandando ou proibindo algo. As partes vão ao juiz ou aos *recuperatores*[151] onde, pronunciadas as fórmulas, se indaga se se fez alguma coisa contrária ao edito do pretor, ou se não se fez o que ele ordenara. Ora se entra em juízo pedindo uma pena, ora sem pedir penalidade.

A participação do magistrado ou tribunal, em caso de descumprimento da decisão proferida pelo pretor, não significava, porém, que era destituída de obrigatoriedade. Ao contrário, a finalidade da atuação do magistrado ou tribunal era garantir que a ordem emitida pelo pretor fosse efetivamente cumprida.

Quando o demandado apresentava resistência ao interdito, o pretor encaminhava as partes para um juiz (*iudex*), a fim de que os fatos alegados fossem apreciados com maior profundidade. Para tanto, o pretor entregava aos conflitantes uma fórmula abrangendo os fatos discutidos (*formula in factum concepta*), que possibilitava a um juiz examinar a demanda e aferir, então, se houve a desobediência imotivada do interdito[152].

Para impedir que os interditos fossem desprezados, a concessão da fórmula para que um juiz analisasse se houve o descumprimento da determinação pretoriana era comumente precedida de um comprometimento recíproco dos contendores, por meio do qual quem sucumbisse no processo teria que pagar ao outro conflitante uma determinada quantia de dinheiro, estabelecida a título de punição[153].

---

[149] *Institutas do Jurisconsulto Gaio*, p. 218.
[150] *Institutas do Jurisconsulto Gaio*, pp. 218-219.
[151] "... recuperatores (três ou cinco), isto é, um órgão colegiado, ou tribunal, mas não permanente". João Baptista da Silva, *Processo romano: instrumento de eficácia jurisdicional*, p. 33.
[152] Eugène Henri Joseph Petit, *Tratado elementar de direito romano*, p. 912.
[153] Eugène Henri Joseph Petit, *Tratado elementar de direito romano*, p. 912.

Havia também na época uma grande categoria de cauções (*cautiones*) relacionadas ao procedimento desenvolvido perante o pretor (*in iure*) e que procuravam garantir a eficácia da fase realizada perante *o juiz (iudicium*)[154].

Era amplo o campo de proteção oferecida pelos interditos, uma vez que, além das situações expressamente agasalhadas, em que se manifestava a presença de interditos típicos, era possível a criação de interditos úteis ou *ad-hoc* pelo pretor, que eram os interditos voltados à tutela de situações específicas[155].

O pretor poderia adaptar as ações previstas em seu édito a situações análogas (*actiones utilis*), utilizar ficções para conceder proteção a situações que não estavam expressamente amparadas pelas ações civis (*actiones ficticiae*) e proteger relações jurídicas não amparadas pelo *jus civile* (*actiones in factum*). Desse modo, os pretores eram dotados de um verdadeiro poder criativo, sobretudo no que diz respeito às *actiones in factum*, uma vez que se amparavam em circunstâncias de fato consideradas pelo pretor como aptas a receber a proteção jurídica do Estado e não em direitos ou deveres das partes reconhecidos expressamente pela ordem jurídica romana[156].

O poder criativo dos pretores se manifestou não apenas no campo do direito processual, mas também na esfera do direito material, uma vez que no Período Republicano Romano, durante os séculos em que pretores exerceram o seu poder de maneira mais intensa, a *actio* contribuía também para a criação do *jus*, uma vez que somente com a ampliação da proteção jurídica (*jus*) é que foi possível sustentar que a proteção processual (*actio*) serviria unicamente para garantir o respeito e impedir a violação de um direito material preexistente[157].

No entanto, embora os pretores fossem dotados do poder criativo, a sua manifestação os diferenciava da lei romana nos seguintes aspectos:

a) A lei romana era caracterizada pela perpetuidade, enquanto que o édito que servia como fundamento do poder do pretor vigorava apenas durante a sua investidura, que era anual;

[154] Vittorio Scialoja, *Procedimiento civil romano: ejercicio y defensa de los derechos*, p. 224.
[155] Galeno Lacerda, *Mandados e sentenças liminares: contribuição para a reforma processual*, pp. 52-53. In: Revista da Faculdade de direito da Universidade de Uberlândia. Uberlândia – MG. V. 1. N. 1. 1972, p. 1-214.
[156] Ebert Chamoun, *Instituições de direito romano*, p. 103.
[157] Pietro Cogliolo, *Lições de filosofia do direito e de direito privado*, p. 100.

b) Enquanto a lei era dotada de generalidade e abstração, a princípio o édito do pretor não vinculava o seu autor, que poderia revogá-lo, modificá-lo ou simplesmente desprezá-lo, salvo na hipótese de interferência de outro pretor, do cônsul ou do tribuno da plebe. Na verdade, a impossibilidade de alteração do édito pelo pretor foi retirada pela Lei Cornélia em 67 a.C.;

c) A lei alcançava a todo o império, enquanto que o édito estava limitado, no aspecto espacial, ao território sujeito à jurisdição do pretor que o houvesse publicado;

d) As leis somente poderiam ser revogadas por outras leis e não por éditos, embora na prática o pretor revogasse as regras existentes, e criasse novas, através da interpretação e da aplicação do direito[158].

Portanto, os éditos, dentro do seu campo de aplicação, deixam claro o alcance do poder de império do pretor, tanto que o seu sucessor no cargo poderia desprezar o anteriormente elaborado, modificá-lo ou mesmo aceitá-lo[159].

Atuação dos pretores no aperfeiçoamento do Direito romano

Quando se procura ressaltar a importância dos pretores para o Direito Romano, é imprescindível recordar inicialmente que os editos, que decorriam do seu poder de império, eram considerados uma das fontes do Direito Romano na Era Republicana, que compreende o período clássico romano, que vai dos séculos III a.C. a II d.C., sobretudo no seu último século de duração.

Os editos exteriorizavam um poder que não encontra paralelo nos atuais sistemas jurídicos, que se amparam no princípio da separação de poderes e no regime democrático, embora nem sempre esses limites sejam respeitados.

Em sua manifestação, os interditos possibilitavam o reconhecimento de um direito através de meios criados pelo pretor e não pela lei, que é o meio comumente utilizado[160].

O poder dos pretores alcançava inclusive situações que antes de sua manifestação não se encontravam juridicamente pro-

---

[158] José Carlos de Matos Peixoto, *Curso de direito romano*, Tomo I, pp. 72-73.
[159] Pietro Bonfante, *História do direito romano*, Vol. I, pp. 334-335.
[160] John Gilissen, *Introdução histórica ao direito*, p. 90.

tegidas. Para tanto, os pretores desenvolviam um juízo de fato sobre situações que reputavam relevantes, conferindo-lhes natureza jurídica[161]. Essa qualificação jurídica realizada pelos pretores, localizada na esfera do direito material, correspondia a um dos aspectos do seu poder criativo, que também compreendia o estabelecimento de regras e princípios para a solução dos conflitos que lhe eram submetidos.

Além do poder de criação, os pretores foram também responsáveis pelo aperfeiçoamento das leis romanas, o que ocorria quando se encontravam em contradição com os princípios gerais de direito, os costumes e as modificações surgidas em decorrência do progresso romano. Para tanto, os pretores procuravam corrigir e completar as leis para que pudessem se adaptar às novas circunstâncias[162].

Em linhas gerais, os pretores completaram o direito material e o processual, na primeira hipótese, particularmente, os preceitos de natureza civil, uma vez que solucionavam conflitos entre particulares.

Em relação ao Direito civil, os pretores ampliaram, por exemplo, o direito das sucessões, prevendo que, na falta de herdeiros civis, seriam chamados os parentes naturais (*cognati*), que de acordo com a Lei das XII Tábuas estavam excluídos da sucessão[163].

No que diz respeito ao direito processual, que na época não era dotado da autonomia hoje existente, os pretores contribuíram diretamente para a ampliação dos meios de proteção jurídica, criando ações e exceções não contempladas no Direito civil[164].

Os pretores corrigiram também o Direito civil, embora de maneira indireta, determinando, por exemplo, a exclusão do rol de sucessores de certos herdeiros previstos pelo Direito civil (*jus civile*)[165].

Em última análise, os pretores, através dos seus editos, propiciaram a criação de um direito novo, o *Direito pretoriano* ou *honorário*, que convivia ao lado do Direito Civil (*jus civile*) romano[166].

---

[161] Giorgio Roncagli, *Il giudizio sintetico nel processo civile romano*, p. 21.
[162] Benjamin Colucci, *Direito romano:* ..., p. 25.
[163] Benjamin Colucci, *Direito romano*: ..., p. 25.
[164] Benjamin Colucci, *Direito romano*: ..., p. 25.
[165] Benjamin Colucci, *Direito romano*: ..., p. 25.
[166] José Cretella Júnior, *Curso de direito romano*: ..., p. 36.

As diferenças de ordem social do Direito civil em relação ao honorário estão relacionadas ao fato de que enquanto o Direito civil estava relacionado a um período escravista agrário da sociedade romana, o Direito honorário ou pretoriano estava vinculado ao período de expansão da sociedade romana e ao avanço das atividades comerciais. Por isso, o Direito civil ou quiritário - sendo a segunda denominação relacionada ao fato de que *quirites* que era o nome utilizado para identificar os antigos cidadãos da Roma antiga - era formalista, rígido e de interpretação restritiva, enquanto que o Direito honorário ou pretoriano era mais aberto e humano, uma vez que sofria a forte influência de diferentes fatores, dentre os quais a equidade[167], o que, num sentido certo, se assemelha ao que ocorre atualmente em razão da atribuição de normatividade aos princípios e do fortalecimento do texto constitucional.

Os pretores contribuíram também para que a jurisdição como um todo começasse a ser considerada uma atividade de natureza pública, mesmo quando a disputa dissesse respeito unicamente a interesses de natureza privada.

Todavia, a maior contribuição dos pretores no campo processual está relacionada à efetividade do processo, o que ocorreu, sobretudo, pelo fato de que os romanos se preocupavam muito com o aspecto prático, deixando de lado as especulações teóricas que haviam sido realizadas pelos filósofos gregos.

A preocupação central dos romanos era garantir a ordem e a paz na cidade romana, o que na esfera processual significava a organização de um processo que funcionasse de maneira útil e equitativa[168], o que levou os pretores a ampliar os mecanismos de proteção existentes, criando outras hipóteses de proteção jurídica além das previstas pelo Direito civil, que tutelavam um número limitado de direitos.

O que contribuiu decisivamente para que os pretores pudessem exercer uma função construtiva e, em certos sentidos, criativa em relação ao direito material e processual era a inexistência de hierarquia entre as magistraturas existentes, o que lhes confe-

[167] José Cretella Júnior, *Curso de direito romano*: ..., p. 36.
[168] Michel Villey, *Direito romano*, p. 56.

ria um grande grau de liberdade no desempenho de suas funções.

A estrutura das normas jurídicas romanas também auxiliou no desenvolvimento do poder pretoriano. No caso, a contribuição normativa se relaciona, em especial, às leis imperfeitas (*Lex imperfectas*), que eram as que se limitavam a situações concretas (*fatispecie*), deixando aos magistrados a fixação da espécie, do tempo e modo da estatuição correspondente em relação a outras hipóteses[169].

O casuísmo da legislação romana foi o fator preponderante para que os pretores colaborassem na construção dos princípios gerais do Direito romano, que, em sua essência, eram *fattispecies* gerais, construídas por indução, tendo como referencial as normas legais positivadas[170].

A construção do poder interdital e a possibilidade de que o pretor pudesse estabelecer o procedimento a ser seguido na solução dos conflitos contribuíram de maneira profunda para o aperfeiçoamento dos mecanismos de tutela jurídica no Direito romano.

Os interditos possibilitaram que os pretores pudessem oferecer soluções jurídicas para hipóteses não contempladas expressamente pelo Direito civil, inclusive através de juízos sumários baseados no seu poder de império.

Da mesma forma, o advento do procedimento formulário permitiu um notável avanço na tutela das relações jurídicas de natureza privada, uma vez que possibilitaram que o pretor pudesse oferecer uma proteção jurídica específica para diferentes situações, possibilitando, assim, o progresso do Direito romano[171].

O processo formular permitiu que os pretores afastassem o rigoroso formalismo das ações da lei (*legis actiones*) e, desta forma, possibilitou que a essência sobressaísse sobre a forma, que havia tornado odiosa as ações da lei, a ponto de terem sido abolidas pela Lei *Aebutia* e pelas duas leis *Juliae* (30 a.C. e 14 d.C.), que as substituíram pelo processo formular (*processo per formulas*)[172]. Aliás, antes mesmo do desaparecimento formal, as ações da lei tiveram o seu rigor atenuado e muitos dos seus comandos foram inclusive afastados pelos jurisconsultos e magis-

---

169 Giorgio Roncagli, *Il giudizio sintetico nel processo civile romano*, p. 23.
170 Giorgio Roncagli, *Il giudizio sintetico nel processo civile romano*, p. 24.
171 Rene Foignet, *Manual elemental del derecho romano*, p. 253.
172 Benjamin Colucci, *Direito romano*: ..., p. 387.

trados romanos, que para tanto se valeram da equidade (*aequitas*)[173].

O processo formular permitiu ainda que o pretor redigisse a fórmula que seria utilizada pelo juiz (*iudex*), por força da divisão do juízo em duas etapas: *in iure* e *apud iudicium*, de acordo com a pretensão formulada pelas partes, contribuindo, assim, para a tutela jurídica de situações não agasalhadas pelas ações da lei e, sobretudo, para a correta prestação da tutela jurisdicional.

A fórmula elaborada pelo pretor, quando considerada em todos os seus aspectos, abrangia a nomeação do juiz indicado para a causa, o conteúdo da controvérsia, as exceções, réplicas, etc. que deveriam ser observadas pelo juiz quando da instrução e julgamento do conflito[174].

Quanto à proteção interdital, a contribuição do pretor para o aperfeiçoamento do Direito romano decorreu do fato de que os seus interditos eram temporários e a sua curta duração, uma vez que eram anuais, permitiu que os progressos romanos fossem observados, assim com os novos costumes, necessidades e relações jurídicas que surgiam em virtude da expansão romana, o que não ocorria com as leis, que eram consideradas imutáveis.

Os comandos pretorianos não eram também precipitados e arbitrários, uma vez que o novo pretor comumente submetia o edito anterior a uma revisão, aproveitando os pontos considerados adequados[175], o que conduzia ao seu constante aperfeiçoamento.

Em resumo, os interditos contribuíram de forma direta para demonstrar a necessidade de justiça, efetividade e adequação dos procedimentos judiciais, fatores que se manifestavam na tutela interdital em virtude de utilizar como um dos seus principais referenciais a equidade, criar mecanismos diferenciados de tutela, concentrar os atos processuais em uma única fase, antecipar a decisão e fazer uso de mecanismos de cognição sumária[176].

---

[173] Maria Cristina da Silva Carmignani, *A origem romana da tutela antecipada*, p. 16.
[174] Vittorio Scialoja, *Procedimiento civil romano: ejercicio y defensa de los derechos*, p. 231.
[175] Filippo Serafini, *Instituzioni di diritto romano: comparato col diritto civile patrio*, Vol. I, p. 29.
[176] Maria Cristina da Silva Carmignani, *A origem romana da tutela antecipada*, pp. 38-39.

Mecanismos de controle sobre o poder de império

Como pudemos verificar ao longo das passagens em que fizemos menção ao poder dos pretores, o seu poder de império era amplo, abrangendo o desempenho de inúmeras atividades de natureza administrativa e jurisdicional. Além disso, com o passar do tempo alcançou a esfera legislativa, quando considerada em sentido amplo, em razão de haver também o desempenho da construção jurídica por parte dos pretores.

Todavia, no Direito romano existiam inúmeros mecanismos que controlavam o poder dos pretores. Realmente, o poder de império ou *potestas* do pretor estava limitado, em primeiro lugar, pelos direitos e garantias reconhecidos aos cidadãos romanos pelas leis públicas (*Lex publica*).

Também era um mecanismo de limitação do poder dos pretores o que fato de que, no exercício de suas funções, teriam que prestar contas ao final do exercício das suas atividades, uma vez que eram escolhidos pelas assembleias ou comícios centurianos, que eram compostos pelos cidadãos romanos que pagavam impostos e participavam do serviço militar. Desse modo, embora os pretores tivessem um poder muito grande e extenso, estavam obrigados a prestar contas ao final do seu mandato.

Outro aspecto fundamental é que as decisões dos pretores eram limitadas no âmbito material, uma vez que eram influenciadas pelo Direito civil, pela opinião pública, pela equidade e pelos princípios do direito "das gentes" (*jus gentium*), que eram utilizados inicialmente pelo pretor peregrino ao apreciar os conflitos envolvendo os estrangeiros.

O poder dos pretores também era restringido pelo fato de que deveria ter caráter instrumental, o que, por sinal, servia como o seu próprio fundamento, tendo em vista que a aplicação do direito deveria ser orientada pelo interesse comum da sociedade romana. Portanto, é com base no objetivo almejado que se conferia ao pretor o poder de efetivar o direito, podendo, para tanto, se valer do seu poder de autoridade ou império.

Reduzia ainda o poder de império dos pretores na administração da justiça a divisão entre a declaração do direito (fase *in iure*) e a sua aplicação ao caso concreto (fase *apud iudicem*), decorrente da separação do exercício da atividade jurisdicional em duas instâncias. Aliás, a separação entre as funções do pretor e do juiz também se manifestava quando os pretores expediam interditos, uma vez que, se não fossem observados espontaneamente, a sua execução ficava a cargo de outro magistrado, a quem a Constituição romana houvesse conferido a faculdade de desempenhá-la[177].

A limitação temporal do edito do pretor e do seu próprio poder também contribuíram de forma direta para evitar o arbítrio, uma vez que a pretura ou investidura era anual, contribuindo, assim, para evitar os abusos que possivelmente surgiriam com a perpetuação do poder. Além disso, muitos comandos de origem pretoriana eram observados por diferentes pretores, embora não estivessem obrigados a tanto, postura que era seguida em virtude da relevância que lhes era atribuída pela jurisprudência, classe profissional que colaborava com a classe dirigente na definição da política legislativa e interferia também no exercício da administração da justiça, o que pode ser constatado com o exame de diferentes "fórmulas" processuais[178].

Em especial, os juristas contribuíram para ressaltar a utilidade (*utilitas*), a razão (*ratio*) e a equidade (*equitas*) de certas disposições pretorianas, garantindo, assim, que vigorassem mesmo após o mandato do pretor e se consolidassem como comandos de natureza obrigatória[179].

A imposição de publicidade aos editos dos pretores foi também fundamental para o afastamento dos caprichos e arbitrariedades que poderiam surgir em virtude de eventuais alterações do texto dos seus editos quando do exercício de suas funções. Aliás, como num primeiro momento as alterações eram frequentes, em 67 a.C. surgiu a *Lei Cornelia*, obrigando os pretores a seguir durante o seu mandato as determinações estabelecidas em seu edito[180].

Se não bastasse o exposto, quando Augusto reorganiza o sistema processual da *ordo iudiciorum privatorum*, com a promulgação da *Lex Julia Privatorum* em 17 a.C., substituindo de forma definitiva o sistema das ações da lei pelo formulário, um dos objetivos almejados era possibilitar um controle maior sobre o poder

[177] Teodoro Mommsen, *Compendio del derecho publico romano*, p. 258.
[178] Mario Bretone, *História do direito romano*, p. 138.
[179] Mario Bretone, *História do direito romano*, p. 139.
[180] Benjamin Colucci, *Direito romano*: ..., p. 24.

dos pretores (*ius honorarium*), afastando a discricionariedade pretoriana, o que se deu através da imposição de requisitos obrigatórios para a atuação (*iudicia legitima*)[181].

Enfraquecimento do poder de império dos pretores

O enfraquecimento do poder dos pretores, principalmente o de império, está relacionado, em primeiro lugar, aos abusos envolvendo a utilização dos editos.

Infelizmente, o uso da *iurisdictio* e do poder de *imperium* nem sempre ocorreu de maneira adequada, uma vez que inicialmente o próprio pretor somente se vinculava à observância do seu édito em virtude da sua boa-fé (*fides*) e da sua dignidade (*dignitas*).

Somente em 67 a.C., por determinação do príncipe Adriano, é que os editos passaram a ser obrigatórios para os pretores[182], que, além disso, perderam assim a sua atuação inovadora, uma vez que o edito elaborado, que ficou aos cuidados de Sálvio Juliano, era obrigatório e definitivo (*edictum perpetuum*)[183], gerando, assim, comandos gerais que deveriam ser seguidos por todos os pretores.

Antes da imposição de obrigatoriedade aos comandos previstos nos editos as violações ao seu texto por parte do pretor eram possíveis e, o que é pior, frequentemente ocorriam, levantando suspeitas e ódios sobre os pretores e, em última análise, sobre a própria administração da justiça. É por isso, inclusive, que o texto que previa a obrigatoriedade dos editos estabeleceu também que seria considerada denegação de justiça a atuação desonesta de quem deveria administrá-la[184]. Aliás, mesmo antes do desaparecimento formal dos editos já se notava o exaurimento do poder dos pretores, uma vez que, na prática, passaram a criar novos editos somente quando houvesse uma solicitação dos magistrados superiores, a fim de que fossem disciplinadas situações específicas[185].

Na prática o poder dos pretores também se enfraquecia quando seus interditos não eram observados, uma vez que era

[181] José Rogério Cruz e Tucci, *Jurisdição e poder: ...*, pp. 27-28.
[182] Mario Bretone, *História do direito romano*, p. 107.
[183] Ebert Chamoun, *Instituições de direito romano*, pp. 22-23.
[184] Mario Bretone, *História do direito romano*, p. 107.
[185] Ebert Chamoun, *Instituições de direito romano*, p. 22.

necessário submetê-los a um magistrado, que verificaria se a inobservância era ou não justificada.

Outro fator que contribuiu diretamente para que o poder dos pretores fosse cerceado foi o fortalecimento do soberano. Por sinal, o poder pretoriano desapareceu no reinado de Adriano, conforme noticiado a pouco, quando foram redigidos de forma definitiva os editos pretorianos e edilícios por Sálvio Juliano, que reuniu e sistematizou os editos existentes, seguindo determinação do imperador[186].

Antes mesmo da consolidação das determinações pretorianas já se notava a restrição do poder dos pretores, uma vez que algumas partes dos editos eram aproveitadas pelo pretor seguinte, que as transferia para o seu edito (*pars translatícia*)[187].

Da mesma forma, o surgimento do procedimento extraordinário (*cognitio extra ordinem*) representou um fator decisivo contra os interditos, uma vez que a atividade jurisdicional passou a ser dotada de caráter público, ficando o representante do Estado (*iudex*) responsável apenas pelo desenvolvimento do processo e pela aplicação do direito, tendo perdido, assim, o seu poder de império, que passou a se confundir com as ações ordinárias[188].

Importância dos interditos para a tutela de direitos

Como meio de exteriorização do poder de império dos pretores, os interditos contribuíram de forma significativa para a tutela de direitos no Estado romano. No entanto, pudemos verificar que, ao longo do tempo, foram instituídos mecanismos que levaram à restrição do poder dos pretores, colocando-se em primeiro plano a elaboração legislativa e a vontade do soberano.

No Estado moderno também se justifica a limitação do poder dos juízes. Todavia, o fundamento é diverso. O advento do Estado de Direito, particularmente o que ostenta a qualidade de democrático, é a principal medida para o controle do poder, inclusive dos magistrados.

---

[186] Mário Curtis Giordani, *Iniciação ao direito romano*, p. 81.
[187] J. M. Othon Sidou, *Processo civil comparado*: ..., p. 29.
[188] Vittorio Scialoja, *Procedimiento civil romano: ejercicio y defensa de los derechos*, p. 183.

De qualquer forma, em muitos aspectos é possível compatibilizar a atuação pretoriana com o Estado Democrático de Direito, permitindo, assim, que a prestação da tutela jurisdicional possa atingir os seus objetivos. Sendo assim, faremos neste tópico algumas considerações genéricas a respeito das atividades pretorianas que mais diretamente contribuíram e podem ainda contribuir para garantir a efetividade da tutela jurisdicional e, desta forma, colaborar para a concretização de direitos, compatibilizando-as com os contornos atuais da atividade jurisdicional.

Para facilitar a visualização da contribuição pretoriana para a efetividade da jurisdição, abordaremos os seus principais aspectos de forma articulada, lembrando que na visão romana a atuação pretoriana não se enquadrava no entendimento que hoje vigora a respeito da atividade jurisdicional, que abrange qualquer tipo de lesão ou ameaça a direito, já que a solução de conflitos envolvendo interesses privados estava no Direito romano a cargo de árbitros escolhidos de comum acordo pelas partes, embora esse modelo tenha sido rompido pelos pretores quando passaram a solucionar diretamente os conflitos.

A propósito, são as seguintes as principais contribuições à efetividade da jurisdição que podem ser extraídas do exercício do poder de império pelo pretor na solução de conflitos:

a) *Realce à natureza pública da jurisdição*

Os pretores conseguiram visualizar que a solução de conflitos, mesmo nas hipóteses em que estão presentes unicamente particulares, também interessa diretamente ao Estado e à sociedade.

Os pretores utilizaram o seu poder de império para tutelar de forma adequada e efetiva certa classe de direitos que estavam sendo lesionados ou ameaçados e que se relacionavam de maneira mais direta com o interesse social, por refletirem bens e interesses de maior relevância para a sociedade romana, embora o interesse imediato fosse dos particulares envolvidos.

O reconhecimento da importância da solução adequada e efetiva dos conflitos pelos pretores fez com que surgirem num primeiro momento dois sistemas processuais paralelos em Roma.

O primeiro sistema era baseado no poder de império do pretor, que tutelavam de forma imediata, num juízo de cognição sumária, os interesses mais importantes para a manutenção da estabilidade social, notadamente os que estavam relacionados à proteção possessória.

Esse primeiro modelo era fundado no interesse social e, por isso, havia a participação exclusiva do pretor na solução do conflito, adotando as medidas consideradas mais convenientes e oportunas no caso concreto, independentemente do fato de não encontrarem previsão expressa em lei.

A segunda forma de solução de conflitos remetia a decisão a árbitros, que eram particulares escolhidos pelas partes ou mesmo pelo pretor, aspecto que demonstra a visão privada que imperava a respeito da jurisdição quando o conflito envolvesse interesses de ordem privada e não se manifestasse de forma direta ou indireta o interesse social.

Portanto, é possível concluir que os pretores contribuíram, de forma direta, para a conclusão de que a solução de conflitos, independentemente dos envolvidos e dos bens em disputa, está também relacionada ao interesse social, impondo medidas diferenciadas de tutela para possibilitar a efetiva proteção jurídica.

b) *Desenvolvimento do ativismo judicial*

Ao deixarem de lado o modelo da *ordo iudiciorum privatorum*, em que apenas verificavam se a pretensão formulada estava amparada por uma das ações da lei ou se era possível tutelá-la através de uma fórmula, e passarem a decidir diretamente o conflito, os pretores contribuíram também para o desenvolvimento do ativismo judicial. No caso, definimos ativismo judicial como a postura dos órgãos jurisdicionais que com seus pronunciamentos possibilitam a concretização de direitos, mesmo que para tanto tenham que tomar decisões de natureza política em situações concretas[189], afastando-se dos rigores estritos das regras jurídicas.

A manifestação dos pretores em relação ao ativismo judicial decorreu do fato de que o processo era considerado um meio para a concretização de direitos, inclusive dos que poderiam ser retirados dos princípios gerais de direito e da equidade. Sendo assim, era considerado um meio para a concretização dos direitos existentes ou mesmo para a extração de comandos que se encontravam presentes de forma implícita no ordenamento jurídico,

[189] Paulo Fernando Silveira, *Devido processo legal*, p. 240.

sobretudo nos princípios gerais de direito. Com isso, os pretores romperam com o entendimento de que a tutela processual deve se conformar às determinações legislativas, mesmo que sejam manifestamente inadequadas ao caso concreto.

Em outras palavras, os pretores afastaram o entendimento de que o direito material deveria se adequar às ações da lei para que não fosse despido de tutela, uma vez que trabalhavam a partir do direito material, que influenciava diretamente nos mecanismos de tutela.

A partir da ideia de que a equidade representa a solução de um conflito à luz do caso concreto, os pretores ampliaram os mecanismos processuais de tutela de direitos, garantindo, desta forma, o aumento da efetividade do "sistema processual romano".

Em todos os casos, porém, os pretores procuravam justificar a postura adotada na ordem jurídica romana, sobretudo nos princípios gerais de direito, considerados os elementos essenciais do sistema jurídico romano.

Os pretores, porém, estavam vinculados, no plano teórico, ao Direito romano, embora a abertura existente na ordem jurídica, principalmente no que concerne ao uso dos princípios gerais do direito e da equidade, possibilitasse o surgimento de novos institutos e a tutela de situações não amparadas expressamente pelo Direito civil formalmente em vigor, a exemplo da postura construtivista atualmente desenvolvida em relação aos princípios constitucionais.

c) *Preocupação com a efetividade da jurisdição*

O espírito prático romano, que, como não poderia deixar de ser, se refletiu também na atuação pretoriana, está manifesto na preocupação dos pretores com a efetividade da jurisdição, elemento que contribuiu diretamente para o desenvolvimento do seu poder construtivo, que se exteriorizou, sobretudo, na reestruturação do sistema processual para uma adequada tutela do direito material.

As leituras modernas que consideram que o princípio da inafastabilidade da jurisdição não representa unicamente a possibilidade de ingressar em juízo, sendo composto também pela obtenção de uma tutela jurisdicional adequada, justa e tempestiva[190],

---

[190] Zaiden Geraige Neto, *O princípio da inafastabilidade do controle jurisdicional*: ..., p. 29.

encontram na atuação pretoriana uma importante fonte histórica de manifestação.

Os pretores conseguiram visualizar que o pedido de tutela formulado ao Estado deve ser acompanhado da proteção almejada quando é reconhecido que há realmente uma situação de lesão ou ameaça a direito, elemento chave para possibilitar a efetividade da jurisdição. Desse modo, os pretores colocaram o processo como um meio efetivo de tutela, ressaltando o seu caráter instrumental, uma vez que as formas foram flexibilizadas ou abandonadas em prol da proteção adequada do direito material.

Da mesma forma, os pretores deixaram claro que não há total liberdade de conformação legislativa e, consequentemente, os magistrados não podem se tornar reféns das normas processuais existentes quando desprezam a essência do ordenamento jurídico, notadamente os seus princípios, e as necessidades sociais.

O intento de garantir a efetividade da jurisdição foi tão forte nos pretores que muitos acabaram incidindo em abusos, que, por sua vez, levaram à própria restrição do poder de império, base de sustentação da atuação pretoriana.

As mesmas discussões são ressuscitadas atualmente quando se faz o cotejo entre as normas processuais de natureza infraconstitucional e os direitos e garantias processuais previstos pelo texto constitucional e se chega à conclusão de que se apresentam como manifestamente inadequadas, insuficientes ou injustas para atingir o objetivo almejado com a utilização do processo, impondo aos juízes e aos demais operadores jurídicos a construção em concreto de normas mais adequadas, a fim de se garantir a efetividade da jurisdição.

No caso, a discussão gira em torno dos riscos que envolvem a concessão de liberdade para a adequação da legislação infraconstitucional ao texto constitucional, que, para muitos estudiosos, pode supostamente levar à usurpação da função legislativa[191].

[191] Ronnie Preuss Duarte, *Garantia de acesso à justiça*: ..., p. 109.

d) *Tratamento processual diferenciado de acordo com o interesse discutido*

A tutela interdital surgiu para que fossem tutelados com maior rapidez os interesses de ordem privada considerados fundamentais para a sociedade romana e, em especial, para a prevalência da ordem social[192].

O objetivo primordial almejado com a tutela interdital era possibilitar "a manutenção do *status quo*, da ordem pública, a defesa das posições privadas enquanto sua perturbação perturbe a ordem pública"[193].

Quando se examina a essência da proteção interdital é possível concluir que pode ser enquadrada como uma das origens para o tratamento diferenciado entre direitos disponíveis e indisponíveis no âmbito processual e para o estabelecimento de mecanismos específicos para a tutela de direitos fundamentais, como é o caso da proteção ofertada pelo mandado de injunção e pela ação por descumprimento de preceito fundamental no ordenamento jurídico brasileiro.

A proteção interdital contribuiu também de maneira decisiva para a construção teórica das formas diferenciadas de tutela, que deixando de autonomia do direito processual em relação ao material procuraram relacioná-los para possibilitar que a sua instrumentalidade tenha caráter substancial.

No âmbito das tutelas diferenciadas, merece destaque a utilização pelo pretor de procedimentos sumários, caracterizados pela limitação da cognição e, dessa maneira, fundamentais para a tutela de situações de urgência e das hipóteses em que o quadro fático delineado demonstra que aparentemente um direito existe e, assim, deve ser imediatamente tutelado, a fim de que a parte não sofra com a demora inerente à ordinariedade do procedimento.

Da mesma forma, a tutela interdital procurava garantir meios adequados para a efetivação dos direitos reconhecidos pelo pretor, vinculados a obrigações de dar, de fazer e não fazer, a exemplo do que está previsto nos artigos 536 e 537 do Código de Processo Civil e no artigo 84 do Código de Defesa do Consumidor.

---

[192] Galeno Lacerda, *Mandados e sentenças liminares: contribuição para a reforma processual*, p. 53. In: Revista da Faculdade de direito da Universidade de Uberlândia. Uberlândia – MG. V. 1. N. 1. 1972, p. 1-214.

[193] Pietro Bonfante, *História do direito romano*, Vol. I, p. 595.

Com as tutelas diferenciadas os pretores contribuíram para que os direitos fossem materializados de forma tempestiva, garantindo, desta forma, a efetividade da tutela jurisdicional, embora rompessem com o modelo presente nas ações da lei ou mesmo com os parâmetros estabelecidos pelas fórmulas.

A utilização da tutela diferenciada estava diretamente relacionada ao fato de que os pretores compreenderam, corretamente, que a prestação adequada da tutela jurisdicional é fundamental para garantir a pacificação social, embora não se baseassem em fundamentos teóricos, mas nas necessidades presentes em concreto.

Nos dias atuais, a tutela diferenciada também é considerada fundamental para possibilitar uma efetiva defesa da ordem jurídica e, sobretudo, para possibilitar a efetividade dos direitos fundamentais. Para tanto, é imperioso que possam ser realizadas adaptações e, inclusive, modificações mais profundas nos procedimentos previstos, já que é inadmissível que a prestação da tutela jurisdicional possa ter a sua eficácia comprometida em razão da inexistência de mecanismos adequados de tutela, sobretudo quando se utiliza apenas as regras existentes.

e) *Reconhecimento do direito através de sua efetivação*

Para os pretores, o reconhecimento de um direito estava intimamente relacionado à sua efetivação, enquanto que atualmente ocorre, num primeiro momento, o reconhecimento do direito e, em seguida, é que se procura efetivá-lo, não obstante seja necessário lembrar que a efetivação das tutelas sumárias hoje em dia se assemelha ao modelo romano.

Para os pretores o âmbito da eficácia era o mais importante para o reconhecimento da normatividade, enquanto que modernamente se privilegia ainda o plano da existência. No entanto, a concretização de direitos está atrelada ao plano da eficácia, versando principalmente sobre como torná-los efetivos, quadro que para os romanos também se visualizava de forma precisa, consoante pôde ser constatado através da análise da atuação pretoriana.

É, portanto, no plano da eficácia que se situam as discussões a respeito da forma mais segura e eficiente para garantir que os direitos sejam concretizados[194], ficando num segundo patamar os planos normativos da existência e da validade, o que reflete também o espírito prático romano e a ênfase na dimensão sociológica, em detrimento da normativa.

Os pretores, porém, não abandonaram o plano da existência. Ao contrário, apenas consideraram que estava presente em determinadas hipóteses analisadas mediante um juízo sumário, sendo que após a cognição realizada se dava imediatamente a proteção ao direito ameaçado ou ofendido.

f) *Utilização de meios adequados para a tutela das pretensões*

Uma das maiores contribuições dos interditos para a efetividade da tutela jurisdicional está relacionada ao uso de meios adequados de tutela para as diferentes situações apresentadas ao pretor.

Em especial, os pretores demonstraram uma forte preocupação com as peculiaridades do direito material, a exemplo das posturas teóricas atualmente existentes, que consideram que o devido processo legal compreende também a obtenção de tutelas adequadas às necessidades que decorrem do direito material[195].

No desempenho de suas funções, os pretores acabaram ampliando ou mesmo afastando alguns comandos jurídicos para possibilitar a efetiva tutela dos diferentes interesses em virtude da inadequação do Direito civil romano, que englobava também normas de natureza processual.

A contribuição pretoriana para a efetividade da jurisdição está também ligada ao estabelecimento e à modificação de procedimentos para atender às diferentes situações conflituosas, tendo como referencial os princípios gerais de direito, a equidade e as necessidades sociais.

O desenvolvimento de mecanismos que propiciavam soluções adequadas para as diferentes situações, assim como a modificação dos mecanismos existentes, encontrava-se fortemente vinculada à utilização do pensamento tópico no Direito romano, ao contrário do pensamento sistemático que prevalece no ordenamento jurídico brasileiro, que se baseia em uma igualdade abstrata.

---

[194] Jairo Gilberto Schäfer, *Direitos fundamentais: proteção e restrições*, p. 62.
[195] Luiz Guilherme Marinoni, *A antecipação da tutela*, p. 108.

Em sua atuação, o pretor buscava uma solução para o caso concreto que lhe era apresentado sem relacioná-lo a um comando geral. Esta postura se manifestava em virtude de existirem poucos preceitos que pudessem ser fontes de normas gerais e abstratas, em decorrência do espírito prático romano e da inadequação dos comandos de natureza processual existentes, que submetiam os litigantes à jurisdição privada.

No que se refere à inexistência de normas de caráter geral, a circunstância impedia que os pretores fizessem a aplicação de um direito preexistente, forçando-os, no período clássico, a construir soluções específicas para as diferentes situações levadas ao seu conhecimento,[196] embora sem total discricionariedade, uma vez que estavam limitados pelos princípios gerais de direito, pela equidade e pelas exigências sociais, conforme mencionamos em várias passagens.

De maneira oposta, o pensamento sistemático coloca à disposição do juiz um conjunto de normas, expressas, sobretudo, em inúmeras regras, que procuram afastar a ocorrência de lacunas, evitando que os juízes utilizem elementos extranormativos para a solução dos conflitos ou tenham que fazer a reelaboração dos comandos existentes.

Dentro desse contexto, lembramos que na esfera processual a situação do direito brasileiro apresenta uma peculiaridade importante. É que em relação ao procedimento ocorre uma vinculação mais intensa às regras existentes, sob a assertiva de que refletem o princípio do devido processo legal, o que faz com que as normas processuais existentes sejam cogentes ou de ordem pública, restringindo profundamente a possibilidade de que sejam adaptadas ao caso concreto, salvo nas hipóteses em que o legislador prevê expressamente que podem ser alteradas.

Essa visão restritiva a respeito da vinculação das normas processuais faz com que em muitos casos as regras suplantem os princípios e, consequentemente, impeçam os juízes de se valer de mecanismos mais adequados para a solução das situações conflituosas, uma vez que se vinculam aos modelos estabelecidos pelo legislador infraconstitucional em suas regras, o que afeta também a superioridade do texto constitucional.

---

[196] José Souto Maior Borges, *O contraditório no processo judicial: uma visão dialética*, p. 83.

No entanto, muitas vezes a utilização de princípios leva ao afastamento de regras inadequadas, garantindo, pelo menos em parte, a efetividade da jurisdição, como ocorre nas hipóteses em que um prazo estabelecido é considerado insuficiente para a prática de um ato processual e, por isso, é alterado pelo juiz, que pode se basear, por exemplo, na falta de razoabilidade.

Aproveitando o ensejo, lembramos que o princípio da proporcionalidade, acolhido pelo ordenamento jurídico brasileiro, encontra uma de suas manifestações na conformidade ou adequação de meios. Desta forma, os meios utilizados devem ser adequados à finalidade almejada, o que corresponde, em outras palavras, à adequação entre meios e fins, que na esfera processual é fundamental em razão do caráter instrumental do processo.

Todavia, mesmo com a abertura propiciada pelos princípios o sistema jurídico se caracteriza pela existência de normas gerais que devem ser teoricamente concretizadas e não criadas pelos responsáveis pelo exercício da atividade jurisdicional. Sendo assim, todas as respostas para os problemas jurídicos devem ser encontradas em seu bojo e não elaboradas de maneira arbitrária pelo juiz, como ocorria em se tratando de atuação pretoriana, em que os princípios gerais de direito eram o suporte para a realização de direitos, permitindo, desta forma, amplas aberturas que conduziam os pretores à construção judicial do direito sem ofender o ordenamento jurídico romano, embora seja necessário reconhecer que em muitas oportunidades não é fácil diferenciar criação de construção judicial do direito.

g) *Garantia de máxima efetividade a direitos fundamentais*

O estabelecimento de uma escala de valores para diferentes direitos é uma atitude comum aos diferentes ordenamentos jurídicos. Na realidade, essa forma de agir decorre da própria essência humana, que, baseada em sua racionalidade, trabalha com classificações, escolhas, preferências, que, obviamente, também refletem na esfera jurídica, já que o Direito integra a cultura humana.

Para os romanos a situação não era diferente, pois também existiam direitos taxados como essenciais para o Estado e para a sociedade, embora essas duas situações importassem também na proteção dos particulares, especialmente dos cidadãos romanos.

A graduação de direitos assumiu um importante contorno em relação à tutela interdital, uma vez que a solução direta dos conflitos pelos pretores ocorria nas hipóteses em que havia aparentemente uma situação de lesão ou ofensa a um direito reputado essencial para a garantia da estabilidade da sociedade romana.

O que buscavam os pretores com os interditos era, em última análise, a proteção de direitos fundamentais de ordem privada, conferindo-lhes uma máxima efetividade em razão da sua importância para todos os envolvidos no litígio e, da mesma forma, para toda a sociedade romana.

Aproveitando o ensejo, lembramos que o uso de mecanismos diferenciados para a tutela de direitos fundamentais também é uma imposição presente em nosso ordenamento jurídico, havendo inclusive a construção teórica do *princípio da máxima efetividade dos direitos e garantias fundamentais* a partir da leitura do § 1º do art. 5º da Constituição Federal, que prevê que os direitos e garantias fundamentais têm aplicação imediata.

Ademais, é preciso lembrar que quando os direitos fundamentais são positivados, e se encontram presentes no principal texto jurídico existente, a Constituição, ganha ainda mais força a necessidade de utilização de mecanismos diferenciados de tutela, sob pena de a Constituição, ponto de apoio formal e material do ordenamento jurídico, perder parte do seu valor, por não ser efetiva.

Por sinal, quando a própria prestação da tutela jurisdicional é um direito fundamental ganha ainda mais força a necessidade de efetivação.

h) *Reconhecimento da normatividade dos princípios*

O reconhecimento de que direitos também decorrem de princípios é outra importante contribuição da tutela pretoriana para a efetividade da proteção processual.

Quando os pretores afastavam as previsões legais existentes ou estabeleciam comandos em razão da omissão do legislador utilizavam como um dos suportes os princípios gerais de direito. Desse modo, os pretores conseguiam extrair regras diretamente dos princípios, afastando a necessidade de intermediação legislativa, conduta que fez com que também fossem dotados de normatividade, figurando ao lado das regras.

Embora essa forma de agir dos pretores fosse justificada pela escassez de comandos positivados, e encontrasse justificação lógica no pensamento tópico observado, não há qualquer impedimento a que possa também ser utilizada nos ordenamentos jurídicos que adotam aparentemente a visão sistemática, como é inclusive observado no Estado brasileiro.

Sem dúvida, a normatividade dos princípios pode contribuir de forma mais profunda para garantir a efetividade da prestação da tutela jurisdicional, em que as regras ainda prevalecem em determinadas hipóteses sobre os princípios, como se refletissem sempre o seu sentido.

Esse papel de destaque dos princípios também se coloca obviamente em matéria processual, especialmente no que diz respeito ao princípio do devido processo legal, que, em sua vertente material, pode contribuir de maneira efetiva para a realização do direito material.

Porém, na prática, como já salientado em outras oportunidades, o devido processo legal é comumente observado unicamente em sua vertente formal, impondo a observância estrita das regras processuais, rompendo, desse modo, com o modelo romano, que propiciava uma maior efetividade para a jurisdição.

i) *Jurisdição como direito fundamental*

Embora formalmente a atividade desempenhada pelos pretores não ostentasse a qualidade de jurisdicional no Direito romano, mas sim administrativa, uma vez que a solução do conflito deveria ficar a cargo do juiz (*iudex privatus*), por força da bipartição da instância (fase *in iure* e fase *apud iudicium*), é inexorável concluir que na visão atual assumiria natureza jurisdicional. Além disso, quando o pretor analisava e solucionava diretamente os conflitos que eram submetidos à sua apreciação a sua atividade assumia indiscutível caráter jurisdicional.

Analisando a proteção conferida pelos interditos é imperioso concluir que, mesmo indiretamente, fizeram com que a tutela prestada adquirisse contornos de um direito fundamental em virtude da preocupação externada pelos pretores com a utilização de mecanismos adequados de tutela.

É interessante na atuação dos pretores o fato de levarem em consideração a necessidade de manutenção da paz social quando disponibilizavam para os interessados mecanismos de tutela, aspecto que demonstra claramente que focavam também no interesse social e não apenas na disputa travada entre os particulares.

Estava presente também a preocupação com a efetiva tutela dos interesses, o que demonstra a ligação efetuada pelos romanos entre os planos do direito processual e material dentro de uma perspectiva substancial, embora seja preciso reconhecer que os pretores trabalharam unicamente no plano empírico, uma vez que as contribuições teóricas a respeito da autonomia do direito processual surgiram apenas na segunda metade do século XIX na Alemanha.

A praticidade romana, espelhada na ênfase conferida ao plano da eficácia, fez com que ligassem o que hoje chamamos de direito material ao campo processual, ou, de maneira mais simples, o direito aos mecanismos direcionados à sua tutela.

No entanto, é errado acreditar que os romanos não conheciam a separação entre o processo e o direito material, entre os direitos e os mecanismos voltados à sua efetivação, uma vez que estavam previstas penalidades para o litigante que ingressasse em juízo de má-fé, por estar ciente de que sua pretensão era manifestamente infundada[197].

O que ocorreu, efetivamente, é que os pretores, por razões práticas, fundadas, em especial, na extrema consideração nutrida em relação ao plano da eficácia, relativizaram a separação entre mecanismos de tutela e direitos, construindo mecanismos de proteção a partir das necessidades do caso concreto, ampliando, assim, a proteção ao direito material.

Com a atividade pretoriana o Estado romano passou a adotar uma postura mais incisiva e, desta forma, de maior efetividade na tutela de direitos, contribuindo decisivamente para o enquadramento futuro da atividade jurisdicional no rol dos direitos fundamentais em virtude de ser um instrumento essencial para o afastamento das situações de lesão ou ameaça a direito, que

---

[197] "É preciso agora que admitamos que aqueles que produziram direito foram muito cautelosos para que os homens não instaurassem demandas com [demasiada] facilidade, o que foi também objeto de nosso estudo. Isso pode ser obtido mui facilmente reprimindo-se a temeridade de autores e de réus numa oportunidade mediante uma pena pecuniária, numa outra mediante um juramento religioso, numa outra mediante o temor da infâmia". *Institutas do Imperador Justiniano*, pp. 224-225.

devem ser tuteladas de maneira efetiva em virtude da vedação ao uso da autotutela e das restrições que incidem sobre a autocomposição.

Portanto, é possível visualizar na atuação pretoriana os germes do enquadramento da tutela jurisdicional no âmbito dos direitos fundamentais, que marcou, posteriormente, a evolução do Estado de Direito de matriz liberal para democrático e social, caracterizado pela efetivação de direitos prestacionais de ordem social[198].

j) *Utilização de diferentes técnicas cognitivas*

Os interditos também foram importantes para ressaltar a necessidade de utilização de diferentes técnicas cognitivas, consoante a relação de direito material e, consequentemente, as necessidades do caso concreto.

Em especial, os interditos se caracterizavam pelo fato de que a proteção por eles ofertada era baseada num juízo de cognição sumária que limitava a cognição no plano vertical, tendo como ponto de apoio as evidências que eram apresentadas pelas partes. Dessa forma, os pretores utilizavam como referencial o provável, o verossímil, quebrando com o entendimento de que a proteção jurisdicional somente deve ocorrer após o desenvolvimento de um juízo de cognição plena (sentido horizontal) e exauriente (sentido vertical) a respeito da situação conflituosa, presente na solução do conflito pelos árbitros – um ou vários cidadãos, alheios ao poder do Estado, que eram escolhidos pelas partes ou sorteados entre uma lista de *cives*[199] - no sistema da *ordo iudiciorum privatorum*.

O modelo de tutela interdital abandonou, assim, o entendimento de que o provimento jurisdicional deve ter como suporte um procedimento plenário que assegure a discussão de todo o conflito, de forma profunda, após amplo debate processual entre as partes e o juiz[200], como também ocorre atualmente com as tutelas sumárias.

Houve também a quebra do entendimento de que o provimento jurisdicional somente pode ser emitido pelo juiz após ter alcançado a verdade, que requer a passagem obrigatória por um

[198] Christine Oliveira Peter da Silva, *Hermenêutica de direitos fundamentais*: ..., p. 97.
[199] Antonio Fernández de Buján, *Jurisdicción y arbitraje en Derecho Romano*, p. 17.
[200] Flávio Luís de Oliveira, *A antecipação da tutela dos alimentos provisórios e provisionais cumulados à ação de investigação de paternidade*, p. 14.

juízo de cognição plena e exauriente, a fim de que seja alcançada[201].

Os interditos possibilitaram, portanto, o desenvolvimento de técnicas cognitivas que se afastaram do modelo tradicional, de cognição plena e exauriente, por meio da limitação da análise do objeto litigioso (restrição horizontal) ou do campo fático que originou o conflito (restrição vertical).

Embora não sistematizada pelos pretores, a cognição diferenciada desenvolvida nos interditos levava em consideração as circunstâncias que cercavam o caso concreto, sobretudo a evidência do quadro fático, a essência do direito em discussão e a necessidade de debelar de imediato as situações que colocavam em risco iminente a tranquilidade social.

Em linhas gerais, é possível extrair as bases teóricas essenciais da tutela de evidência (antecipação de tutela) e de urgência (providência cautelar ou antecipatória) nos interditos pretorianos por se basearem em técnicas cognitivas que se afastaram do modelo padrão, baseado na obtenção de certeza após um juízo amplo de cognição.

k) *Quebra do entendimento de que a cognição deve se basear na certeza*

A partir da análise do rol de técnicas cognitivas diferenciadas apresentadas no item anterior é possível concluir que os interditos romperam também com o entendimento de que a cognição deve se basear na certeza como o único mecanismo para a correta aplicação do direito ao caso concreto, já que os interditos possibilitaram que os pretores pudessem tutelar diretamente o interesse das partes, embora em caráter provisório, ou mesmo definitivo, mediante um juízo de cognição sumária dos fatos, desde que amparados pela proteção interdital[202]. Aliás, é importante lembrar que os interditos representavam um sistema autônomo de prestação de tutela, uma vez que, comumente, a cognição era plena e

---

[201] Flávio Luís de Oliveira, *A antecipação da tutela dos alimentos provisórios e provisionais cumulados à ação de investigação de paternidade*, p. 14.

[202] Galeno Lacerda, *Mandados e sentenças liminares: contribuição para a reforma processual*, p. 57. In: Revista da Faculdade de direito da Universidade de Uberlândia. Uberlândia – MG. V. 1. N. 1. 1972, p. 1-214.

exauriente, se desenvolvendo perante um particular escolhido pelas partes, que solucionava o conflito[203].

Com os pretores a relação entre o sujeito e o objeto da cognição para a emanação de provimentos jurisdicionais deixou de se fundar exclusivamente em juízos de certeza, embora apenas formalmente construídos, e passou a se amparar em juízos sumários, baseadas na mera evidência.

No entanto, o fato de o conflito não ser examinado de forma exauriente impediu que as decisões pretorianas fossem consideradas indiscutíveis e, consequentemente, estivessem amparadas pelo manto protetor da coisa julgada. É que para os romanos, tal como ocorre no direito atual em se tratando de antecipação de tutela e medidas cautelares, havia o entendimento de que os juízos baseados na mera probabilidade somente possibilitam decisões de caráter provisório, embora a decisão do pretor pudesse também ostentar caráter definitivo caso não fosse posteriormente impugnada.

Dentro do elenco de técnicas cognitivas utilizadas pelo pretor é premente fazer menção ainda à cognição exauriente *secundum eventum probationis*, uma vez que nas situações abrangidas pelos interditos somente era possível que ocorresse a cognição exauriente na eventualidade de o prejudicado pela decisão impugná-la, utilizando uma *actio ex interdicto*, fundada em uma das ações da lei ou nas fórmulas pretorianas, que em sua estrutura guardam relação com o procedimento monitório acolhido pelo sistema processual brasileiro.

I) *Preocupação com a tutela específica*

O fato de os interditos refletirem a preocupação pretoriana com a tutela específica das obrigações pode ser observado através da simples constatação de que não levavam à modificação da natureza da obrigação quando da ocorrência da contestação da lide, atitude normalmente seguida no Direito romano, já que para os romanos, tradicionalmente, a contestação da lide operava uma verdadeira novação, que se caracteriza juridicamente pela substituição de uma obrigação antiga, que era extinta e substituída por uma nova[204].

---

[203] Galeno Lacerda, *Mandados e sentenças liminares: contribuição para a reforma processual*, p. 57. In: Revista da Faculdade de direito da Universidade de Uberlândia. Uberlândia – MG. V. 1. N. 1. 1972.

[204] Robert Joseph Pothier, *Tratado das obrigações*, p. 511.

Essa transformação na natureza da obrigação, que impedia a manifestação da tutela específica, encontra-se descrita na seguinte passagem das Institutas do Jurisconsulto Gaio[205]:

> A obrigação extingue-se ainda pela contestação da lide, desde que a ação tenha sido proposta em *iudicium legitimum*, perante o foro legítimo, porque, nesse caso, se dissolve a obrigação principal e o réu fica obrigado à contestação da lide; se, porém, for condenado, ultrapassada essa contestação, obriga-se em virtude do julgado. É isso que encontramos nos antigos, que, *antes* da contestação da lide, o devedor deve dar, *depois* da contestação, deve ser condenado e, *depois* da *condenação* deve obedecer ao julgado.

De maneira mais específica, e precisa, a mudança da natureza do direito, por força da sua contestação, pode ser extraída das seguintes observações de José Rogério Cruz e Tucci e Luiz Carlos de Azevedo[206] a respeito do efeito novativo que decorria da utilização da *actio*:

> Ressalta-se que nas mencionadas ações em que se verificava a extinção da relação obrigacional originária pela *litis contestatio*, surgia um novo liame jurídico (obrigação derivada). Era a denominada *novatio necessaria*, sendo que a *obligatio* resultante da *litis contestatio* ficava subordinada à condenação do réu. (...) Caso o réu fosse realmente condenado, outra obrigação nascia em substituição a esta, já agora, por força do julgado.

A novação realizada fazia com que o direito eventualmente existente deixasse de ser um verdadeiro direito e passasse a ser uma mera pretensão, desprezando, assim, a necessidade de concessão da tutela específica.

Em sentido oposto, os pretores mantiveram a natureza originária dos direitos que poderiam ser satisfeitos através de obrigações de dar, de fazer e de não fazer, garantindo, desta forma, a preservação da mesma situação que estaria presente se o direito não tivesse sido lesionado ou ameaçado.

Por outro lado, para garantir que seriam observadas as determinações interditais eram previstas sanções para a eventualidade de a conduta positiva (dar e fazer) ou negativa (não fazer) estabelecida não ser seguida pelo impetrado.

---

[205] *Institutas do Jurisconsulto Gaio*, p. 170.
[206] José Rogério Cruz e Tucci e Luiz Carlos de Azevedo, *Lições de história ...*, pp. 102-103.

Os pretores também ofertavam proteção para as situações de mera ilicitude, através de mecanismos de tutela inibitória, garantindo, assim, a integralidade da ordem jurídica nas situações de mera ameaça através da imposição de um fazer ou não fazer, conforme a natureza do risco apresentado.

É possível, assim, fazer um paralelo entre a proteção interdital e alguns mecanismos específicos de tutela presentes no sistema processual brasileiro que estão direcionados ao cumprimento de obrigações de dar, de fazer e de não fazer e consagram o afastamento da tipicidade dos meios executivos, possibilitando que a prestação da tutela jurisdicional possa se colocar em consonância com o direito material a ser efetivado.

m) *Cognição sumária para a concessão de tutela*

Os pretores utilizavam juízos de cognição sumária para a concessão da proteção interdital, sendo os juízos de mera evidência aptos para garantir proteção ao direito lesionado ou ameaçado.

No entanto, os interditos diferem, em sua essência, da antecipação de tutela existente no ordenamento jurídico pátrio, uma vez que a ordem pretoriana encerrava a participação do pretor na tutela do direito e, consequentemente, a própria relação "jurídica" mantida entre as partes, enquanto que a antecipação de tutela consiste num juízo provisório, já que a relação processual prossegue para que o conflito seja novamente analisado num juízo de cognição plena, que pode manter ou modificar a decisão inicialmente proferida, salvo quando ocorre a sua estabilização, pelo fato de que não foi interposto recurso pela parte prejudicada. Nos dois casos está presente a tutela de um direito independentemente de seu prévio reconhecimento pelo Judiciário num juízo de cognição plena.

Os juízos de verossimilhança desenvolvidos pelos pretores poderiam se tornar definitivos caso a pessoa que fosse por eles prejudicada não se valesse de uma ação civil para impugnar os comandos presentes nos interditos (*actio civile ex interdicto*), enquanto que no caso de estabilização de tutela prevista no Código de Processo Civil qualquer uma das partes pode solicitar a revisão, reforma ou invalidação da decisão no prazo de até 2 (dois) anos, sendo a pretensão formulada nos mesmos autos.

Em outras palavras, com os interditos poderia ocorrer a estabilização da decisão proferida dentro da relação jurídica processual que a originou, tornando-se estável, já que a *actio civile ex interdicto* originava outra relação jurídica processual.

Essa possibilidade de estabilização da tutela prevista no Direito romano não encontrava, até pouco tempo atrás, paralelo no ordenamento jurídico pátrio, embora figurasse, com variações, em um Anteprojeto de Lei elaborado por uma comissão do Instituto Brasileiro de Direito Processual Civil[207], que previa a inclusão de mais um item no art. 273 do antigo Código de Processo Civil, que tratava da antecipação de tutela. Pela proposta apresentada, seria incluído ao art. 273 do antigo Código de Processo Civil o seguinte item:

> Art. 273-C. Concedida a tutela antecipada no curso do processo, é facultado à parte interessada, até 30 (trinta) dias contados da preclusão da decisão concessiva, requerer seu prosseguimento, objetivando o julgamento de mérito. Parágrafo único. Não pleiteado o prosseguimento do processo, a medida antecipatória adquirirá força de coisa julgada nos limites da decisão proferida.

Da mesma forma, a estabilização da tutela sumária concedida era objeto do Anteprojeto de Novo Código de Processo Civil elaborado por Comissão de Juristas designada pelo Ato n. 379, de 2009, do Presidente do Senado Federal, que assegurava a estabilização quando a tutela era concedida em caráter antecedente. Para tanto, utilizava os seguintes termos, *in verbis*:

> TÍTULO IX. TUTELA DE URGÊNCIA E TUTELA DA EVIDÊNCIA. CAPÍTULO II. Seção I. Das medidas requeridas em caráter antecedente
>
> Art. 289. (...) § 2º A apresentação do pedido principal será desnecessária se o réu, citado, não impugnar a liminar. § 3º Na hipótese prevista no § 2º, qualquer das partes poderá propor ação com o intuito de discutir o direito que tenha sido acautelado ou cujos efeitos tenham sido antecipados.

Todavia, em virtude da apresentação de um substitutivo ao projeto formulado pela Comissão de Juristas designada pelo Presidente do Senado Federal, constava no Projeto de Novo Código de Processo Civil apenas a possibilidade de estabilização das medidas cautelares concedidas em caráter antecedente, conforme pode ser constatado abaixo:

---

[207] A comissão foi composta por Ada Pellegrini Grinover, Kazuo Watanabe, José Roberto dos Santos Bedaque e Luiz Guilherme Marinoni.

> TÍTULO IX. TUTELA DE URGÊNCIA E TUTELA DA EVIDÊNCIA. CAPÍTULO II. Do procedimento das medidas cautelares. Seção I. Das medidas cautelares requeridas em caráter antecedente.
>
> Art. 281. (...) § 2º Concedida a medida em caráter liminar e não havendo impugnação, após a sua efetivação integral, o juiz extinguirá o processo, conservando a sua eficácia.

O texto que foi aprovado, porém, que se insere no bojo do atual Código de Processo Civil, prevê que a tutela antecipada requerida em caráter antecedente se torna estável se da decisão que a conceder não for interposto recurso.

Há, portanto, semelhança entre os dois modelos, já que, nos dois casos, a decisão é construída com base em juízos sumários, de mera probabilidade, podem ser posteriormente alteradas e possibilitam a prática de atos executivos sem uma prévia sentença judicial transitada em julgado.

Em suma, os interditos e a antecipação de tutela possibilitam a outorga da proteção solicitada através de um juízo sumário dos fatos que antecipe os resultados que seriam obtidos apenas após a obtenção de uma sentença de procedência[208].

Em se tratando dos interditos, a restrição do campo cognitivo quando de sua emanação decorria da necessidade de afastar as situações emergenciais, que não poderiam ser apreciadas mediante a cognição exauriente própria das ações da lei ou das fórmulas, sob pena de ser afastada a efetividade da tutela[209] e quebrada a tranquilidade social.

É por isso que os pretores levavam em consideração a simples evidência, que se caracteriza juridicamente pelo fato de que o direito que se quer demonstrar revela-se a princípio incontestável ou insuscetível de contestação séria[210], como se vê atualmente para a concessão da tutela da evidência, e estava previsto implicitamente que o impetrado poderia discutir novamente a relação jurídica, embora em um "processo distinto", no qual a cognição realizada seria exauriente, já que a proteção interdital modificava os contornos da tutela processual existente.

Portanto, com os interditos os pretores colaboravam para combater os males que poderiam advir da demora na prestação

---

[208] Ovídio Araújo Baptista da Silva, *Curso de processo civil*: ..., Vol. 1, p. 126.
[209] Maria Cristina da Silva Carmignani, *A origem romana da tutela antecipada*, p. 27.
[210] Luiz Fux, *Tutela de segurança e tutela da evidência:* ..., p. 311.

da tutela jurisdicional dentro do modelo tradicional de repartição da instância, problema que, por sinal, não foi eliminado quando da unificação de instância no Direito romano, estando, inclusive, presente mesmo nos mais avançados sistemas processuais.

n) *Estabilização da tutela sumária*

Uma característica interessante da tutela sumária oferecida através dos interditos era a possibilidade de sua estabilização, modelo que era seguido pelo Projeto originário de Novo Código de Processo Civil brasileiro e foi adotado no texto definitivo, embora com variações, conforme anteriormente mencionado.

A concessão do interdito colocava fim à atuação pretoriana, restando ao prejudicado pela ordem contestá-la em outra relação jurídica, através da *actio civile ex interdictio*, que permitia a reanálise dos pressupostos observados quando da concessão da proteção interdital. Dessa forma, o contraditório pleno era diferido e ocorria em outra relação processual, perante um magistrado privado, desde que houvesse provocação do interessado.

Essa possibilidade de estabilização da tutela prevista no Direito romano não encontrava paralelo no ordenamento jurídico pátrio, embora figurasse, com variações, no Projeto originário de Novo Código de Processo Civil e tenha sido inserida, com modificações, no atual diploma processual, como a pouco ressaltado.

De qualquer forma, houve uma grande aproximação com a estabilização da tutela interdital romana, havendo um avanço significativo na efetividade da tutela jurisdicional em razão da maior valorização dos juízos de cognição sumária.

A modificação afasta o entendimento de que prestação da tutela jurisdicional requer, obrigatoriamente, a presença da cognição exauriente, que era um verdadeiro dogma do sistema processual, embora existam inúmeras situações de acolhimento de presunções pelo ordenamento jurídico, como a que decorre da revelia do réu quando a disputa envolve interesses disponíveis.

Antes da modificação descrita, o ordenamento jurídico brasileiro repelia a adoção do modelo romano de estabilização da tutela concedida em caráter sumário, por força da adoção do entendimento de que o diferimento do contraditório pleno para um momento posterior contraria o direito ao contraditório e à ampla defesa, previstos no artigo 5º, LV, da Constituição Federal, que são direitos fundamentais de natureza processual, ligados à própria organização do Estado[211].

Portanto, houve a modificação do entendimento de que a relação jurídica processual, quando dotada de caráter satisfativo, deve ser obrigatoriamente acompanhada do contraditório e da ampla defesa para que possa se estabilizar ou produzir a coisa julgada.

o) *Realização de direitos independe de prévia intermediação legislativa*

A partir do momento em que os pretores passaram a conceder mecanismos de tutela independentemente de previsão legislativa, tendo como justificativa os princípios gerais de direito, a equidade e os anseios sociais, ficou claro que a realização de direitos nem sempre requer o seu prévio reconhecimento ou especificação pelos órgãos legislativos através de regras.

Os pretores podem, consequentemente, ser considerados defensores da justiciabilidade dos direitos, que corresponde à possibilidade de que os direitos independam da presença de comandos legais expressos em regras, emanadas do Poder Legislativo, para que possam ser efetivados.

Essa posição de defesa da participação judicial na defesa de interesses, independentemente de intermediação legislativa, somente pôde ser seguida pelos pretores em virtude da construção do entendimento de que a ordem jurídica romana era composta também pelos princípios gerais de direito e pela equidade, que serviam como embasamento para a concretização de direitos.

A justiciabilidade dos direitos estava também relacionada ao fato de que os romanos realçavam o caso concreto, a partir do qual generalizavam soluções, o que permitia o abandono, ao menos em parte, dos comandos que pudessem ostentar a generalidade e a abstração quando fossem manifestamente inadequados ou omissos em relação à situação analisada.

Em especial, a proteção interdital possibilitava a eficácia direta das normas voltadas à proteção de interesses fundamentais no âmbito jurídico privado, mesmo que correspondessem unicamente a princípios, embora num primeiro momento a atuação pretoriana estivesse voltada para a tutela de direitos públicos e não pri-

---

[211] Willis Santiago Guerra Filho, *Teoria processual da constituição*, p. 64.

vados, uma vez que estes eram objeto de proteção privada, através da autotutela, da autocomposição ou da arbitragem. É esse fato que justifica, em grande parte, as construções pretorianas acerca da efetivação direta de direitos, tal como ocorre atualmente.

p) *Adoção de variações procedimentais*

Como salientado em outras passagens, o fundamento do poder dos pretores era o fato de desempenharem uma parcela da autoridade estatal, expressa no poder de império. De qualquer forma, eram previamente estabelecidas as funções que estavam sob a sua responsabilidade.

Para possibilitar o controle sobre o exercício do poder de império, os pretores estavam obrigados a expor oralmente aos cidadãos romanos as suas áreas e meios de atuação ou descrevê-los em seus editos, sendo que a segunda situação passou num momento posterior a corresponder a uma exigência.

Dentre outros assuntos, os editos descreviam como se daria a realização da proteção interdital. No entanto, nem sempre as determinações previstas eram observadas, já que o pretor poderia deixar de conceder a tutela prevista ou mesmo modificá-la quando não se compatibilizasse com as circunstâncias em concreto, sendo que essa liberdade ocorria com o intento de possibilitar o exercício correto da "jurisdição"[212].

Essas variações procedimentais, ou mesmo simples desprezo dos comandos existentes e o estabelecimento de outros a partir dos princípios gerais de direito, não encontram semelhança com os modernos sistemas processuais, uma vez que o procedimento é normalmente considerado de ordem pública e um reflexo do princípio do devido processo legal.

No entanto, a necessidade de acesso a mecanismos adequados de tutela, inclusive de ordem procedimental, leva cada vez mais à busca de meios que possibilitem a utilização de diferentes procedimentos, conforme as peculiaridades do direito material.

Ilustra a colocação acima os seguintes dispositivos do Anteprojeto de Novo Código de Processo Civil, elaborado pela Comis-

[212] Mario Bretone, *História do direito romano*, p. 107.

são de Juristas designada pelo Ato n. 379, de 2009, do Presidente do Senado Federal, *in verbis*:

> Art. 107. O juiz dirigirá o processo conforme as disposições deste Código, incumbindo-lhe: (...) V – adequar as fases e os atos processuais às especificações do conflito, de modo a conferir maior efetividade à tutela do bem jurídico, respeitando sempre o contraditório e a ampla defesa.
>
> Art. 151. (...) § 1º Quando o procedimento ou os atos a serem realizados se revelarem inadequados às peculiaridades da causa, deverá o juiz, ouvidas as partes e observados o contraditório e a ampla defesa, promover o necessário ajuste.

Entretanto, os dispositivos mencionados foram excluídos do Projeto de Novo Código de Processo Civil em razão da apresentação de um substitutivo ao projeto originário, tendo restado apenas o seguinte comando que se aproxima um pouco do objetivo inicialmente almejado:

> Art. 118. O juiz dirigirá o processo conforme as disposições deste Código, incumbindo-lhe: (...)
>
> V – dilatar os prazos processuais e alterar a ordem de produção dos meios de prova, adequando-os às necessidades do conflito, de modo a conferir maior efetividade à tutela do bem jurídico.

Ao final, foram inseridas as seguintes determinações acerca da variação procedimental no atual Código de Processo Civil:

> Art. 139. O juiz dirigirá o processo conforme as disposições deste Código, incumbindo-lhe: VI - dilatar os prazos processuais e alterar a ordem de produção dos meios de prova, adequando-os às necessidades do conflito de modo a conferir maior efetividade à tutela do direito;
>
> Art. 190. Versando o processo sobre direitos que admitam autocomposição, é lícito às partes plenamente capazes estipular mudanças no procedimento para ajustá-lo às especificidades da causa e convencionar sobre os seus ônus, poderes, faculdades e deveres processuais, antes ou durante o processo.
>
> Parágrafo único. De ofício ou a requerimento, o juiz controlará a validade das convenções previstas neste artigo, recusando-lhes aplicação somente nos casos de nulidade ou de inserção abusiva em contrato de adesão ou em que alguma parte se encontre em manifesta situação de vulnerabilidade.
>
> Art. 191. De comum acordo, o juiz e as partes podem fixar calendário para a prática dos atos processuais, quando for o caso.

§ 1º O calendário vincula as partes e o juiz, e os prazos nele previstos somente serão modificados em casos excepcionais, devidamente justificados.

§ 2º Dispensa-se a intimação das partes para a prática de ato processual ou a realização de audiência cujas datas tiverem sido designadas no calendário.

O modelo de variação procedimental que constava do Projeto de Novo Código de Processo Civil, que refletia na essência o princípio da adequação formal em sua consagração pelo Código de Processo Civil português[213], procurava compatibilizar as possíveis alterações no procedimento com o devido processo legal, especialmente com a observância do contraditório e da ampla defesa, buscando, assim, a harmonia entre os sujeitos processuais.

O projeto procurava ainda reforçar o caráter democrático do processo, ligado ao fato de que o seu desenvolvimento se dá obrigatoriamente sob a égide do contraditório, reforçando a possibilidade de uma maior participação popular na administração da justiça.

De qualquer forma, o projeto seguia, em linhas gerais, a linha romana, expressando o entendimento de que os procedimentos devem ser adequados para a tutela das diferentes situações de direito material e ter caráter instrumental, uma vez que observava o entendimento de que as partes não podem ficar submetidas integralmente aos procedimentos padronizados que foram fixados abstratamente pelo legislador e que muitas vezes impedem a obtenção de soluções justas, adequadas e tempestivas por força da prevalência da forma sobre a essência.

O texto que foi inserido no Código de Processo Civil prevê que o juiz somente pode agir isoladamente na dilatação de prazos e na alteração da ordem de produção dos meios de provas. As alterações procedimentais devem decorrer de acordo entre as partes e a fixação de um calendário para a prática de atos processuais deve se dar em conjunto.

---

[213] Código de Processo Civil. Livro III. Do processo. Secção I – Começo e desenvolvimento da instância. Artigo 265.º - A. Princípio da adequação formal. Quando a tramitação processual prevista na lei não se adequar às especificidades da causa, deve o juiz, oficiosamente, ouvidas as partes, determinar a prática dos actos que melhor se ajustem ao fim do processo, bem como as necessárias adaptações.

Entretanto, o fato de as variações procedimentais decorrerem de acordo entre as partes, e a fixação de calendário para a prática de atos processuais de avença entre os sujeitos do processo, pode inviabilizar a modificação procedimental ou provocar atraso na prestação da tutela jurisdicional. Sendo assim, o ideal é a observância do modelo romano, em que a modificação do procedimento ficava sob a responsabilidade do pretor, afastando a tipicidade das formas processuais, embora em contrapartida sejam resguardadas as garantias de natureza processual, especialmente as que se encontram situadas no texto constitucional.

Após as considerações realizadas a respeito das contribuições pretorianas para a efetividade da tutela jurisdicional, analisaremos na sequência as restrições impostas pelo Estado Democrático de Direito ao modelo interdital romano.

Antes, porém, é importante recordar que em todas as situações de tutela interdital estava presente o contraditório, uma vez que era inadmissível para os romanos o mandado absoluto, *sine clausula*, assim qualificado por não possibilitar a manifestação da defesa[214].

[214] Galeno Lacerda, *Mandados e sentenças liminares: contribuição para a reforma processual*, p. 63. In: Revista da Faculdade de direito da Universidade de Uberlândia. Uberlândia – MG. V. 1. N. 1. 1972, p. 1-214.

A Atividade Jurisdicional à Luz do Texto Constitucional

Constituição e exercício da atividade jurisdicional

Por organizar juridicamente o Estado, a Constituição estabelece as linhas de atuação de cada uma das atividades que exteriorizam a soberania estatal e que se encontram representadas pelas funções executiva, legislativa e jurisdicional.

A Constituição é, portanto, o fundamento jurídico para o desempenho de todas as atividades estatais, além de servir como fonte de limitações, uma vez que as diferentes atividades desempenhadas pelo Estado devem ser harmonizadas entre si. Aliás, independentemente de previsão expressa, os contornos da atividade judicial, administrativa e legislativa encontram-se delimitados através da menção às atividades típicas e atípicas de cada poder, embora possam ocorrer pequenas variações nos diferentes ordenamentos jurídicos.

Mesmo que as atividades desempenhadas pelo Estado não estejam delimitadas de forma expressa ou implícita pelo texto constitucional é imprescindível que sejam respeitadas as linhas próprias de atuação de cada uma das funções, já que exteriorizam uma parcela da autoridade ou poder do Estado, que não pode ficar alheio a controle, pois a circunstância de haver um Estado de Direito impõe, obrigatoriamente, o respeito aos seus fundamentos normativos, notadamente os que integram a sua estrutura, como é o caso da separação de poderes.

No entanto, o fato de que seja respeitado um âmbito próprio para a atuação de cada um dos poderes do Estado não interfere no desempenho da atividade jurisdicional quando existe um ordenamento jurídico que possibilita a construção de soluções adequadas, como é o caso do ordenamento jurídico brasileiro, em que a abertura presente em seu seio, particularmente no texto constitucional, permite o desempenho da atividade jurisdicional de forma justa, adequada e tempestiva sem que seja preciso desprezar o campo normativo ou violá-lo.

O texto constitucional oferece, sobretudo, vários mecanismos para a tutela dos direitos fundamentais, possibilitando, assim, a preservação da essência da ordem jurídica.

A menção à necessidade de configuração jurídica da atividade jurisdicional é colocada para ressaltar a impossibilidade de observância integral do modelo pretoriano de prestação de tutela jurisdicional.

A propósito, mesmo os romanos procuraram limitar o poder dos pretores em virtude dos inúmeros abusos cometidos e, posteriormente, os destituíram do poder absoluto representado pelo *imperium*.

Por isso, utilizaremos o ordenamento jurídico pátrio, notadamente o texto constitucional, para verificarmos a compatibilização de alguns poderes pretorianos com o quadro normativo em vigor.

Em especial, procuraremos apresentar fundamentos teóricos que possam servir como ponto de apoio para a análise da construção judicial do direito, que, em última análise, era a base do poder pretoriano e o ponto de maior discussão atual acerca dos limites ao exercício da atividade jurisdicional.

Estado de Direito

A simples existência de um Estado de Direito limita o exercício da atividade jurisdicional por afastar a arbitrariedade do exercício de qualquer um dos poderes do Estado, por força da submissão de todos à ordem jurídica, notadamente ao texto constitucional.

Essa submissão ganha novos contornos a partir do momento em que os princípios voltam ao centro da ordem jurídica, tal como apregoado pelos pretores no período clássico romano, uma vez que o fenômeno jurídico assume um caráter mais amplo, quebrando, desta forma, a visão estática a respeito do Direito, baseada no valor segurança e na prevalência das regras.

A defesa de aberturas interpretativas no seio da ordem jurídica encontra fundamento no fato de que o texto constitucional não é mais utilizado com o intento primordial de limitar o Poder Executivo e sim com o desiderato de propiciar a construção de uma sociedade igualitária, o que faz com que sua interpretação e aplicação adquiram novos contornos[215].

Um dos aspectos mais importantes do Estado de Direito é a associação do Direito à atividade legislativa estatal, embora essa vinculação não importe em tornar os demais poderes do Estado aplicadores mecânicos das normas jurídicas, já que existem princípios, valores e objetivos que possibilitam um grande campo de liberdade na interpretação e na aplicação do direito. Desse modo, a sujeição de todos os poderes do Estado à ordem jurídica não impede que o Judiciário faça uma interpretação e aplicação correta das normas jurídicas, tendo como fonte de inspiração primordial os comandos constitucionais, já que o Estado de Direito é qualificado pela prevalência do aspecto normativo (visão formal) e pelo reconhecimento de direitos fundamentais (visão material)[216].

Em especial, é imperioso reconhecer que os direitos fundamentais contribuirão para o desempenho da atividade jurisdicional como verdadeiras "máximas processuais", estabelecendo de forma imperativa os contornos do processo, a fim de que atinja aos objetivos traçados pela ordem jurídica[217].

Sem dúvida, o fato de a Constituição trazer em seu âmago um amplo rol de direitos e garantias que se irradiam por todo o ordenamento jurídico impõe ao Estado a efetivação da estrutura protetiva existente.

A efetivação também é uma exigência que decorre diretamente da adoção do regime democrático, já que democracia, no aspecto substancial, significa acesso de todos aos mecanismos protetivos ofertados pela ordem jurídica, não importando se estão situados na esfera material ou processual.

A juridicidade adotada pelo Estado de Direito previsto pelo ordenamento jurídico pátrio concilia diferentes interesses, dentro os quais, de um lado, a segurança jurídica, e, do outro, a justiça, o que demonstra que em seu bojo se encontram direitos e garantias de ordem formal e material.

No que concerne à justiça, o Estado de Direito consegue refleti-la quando incorpora em sua estrutura princípios e valores de

---

[215] Elival da Silva Ramos, *Ativismo judicial: parâmetros dogmáticos*, p. 114.
[216] Lenio Luiz Streck e José Luis Bolzan de Morais, *Ciência política e teoria do estado*, p. 93.
[217] Carlos Alberto Alvaro de Oliveira, *Do formalismo no processo civil*, p. 83.

natureza processual e material, sendo informado pela ideia de Direito na verdadeira acepção da palavra, o que possibilita que os operadores jurídicos possam discutir a justiça ou não das leis, das instituições e dos comportamentos[218].

De qualquer forma, os valores que participam da esfera jurídica são unicamente os que integram o ordenamento jurídico, por serem por ele reconhecidos de acordo com mecanismos intrassistemáticos.

Todavia, essa visão restritiva do fenômeno jurídico não serve como empecilho para a concretização de direitos em virtude do acolhimento de inúmeros comandos normativos que lhe conferem também caráter substancial, tendo em vista que a arquitetura presente no ordenamento jurídico lhe confere, por si só, um sentido substancial, o que permite a efetivação de direitos com suporte apenas nas normas jurídicas, sobretudo as que integram o texto constitucional.

O ordenamento jurídico traduz a releitura ou reformulação do direito positivo clássico em virtude de conter em seu seio valores que antes estavam vinculados ao direito natural e, agora, estão positivados, principalmente nos princípios extraídos das normas constitucionais, a ponto de poder ser apontado que ocorreu a positivação do direito natural e sua colocação no topo da hierarquia normativa, a fim de garantir a sua observância e preservação de maiorias eventuais que pudessem eventualmente modificá-lo ou desfigurá-lo[219].

No que diz respeito à interpretação e à aplicação do direito, as modificações efetuadas pela ampliação do rol de valores no âmbito jurídico, principalmente na Constituição, foram profundas, embora o suporte continue a ser o sistema jurídico.

É possível continuar a falar inclusive que os órgãos jurisdicionais apenas pronunciam o Direito à luz de situações concretas, a fim de que seja assegurada a integridade da ordem jurídica, sendo os juízes os seus guardiões[220].

Essa possibilidade de dizer que os juízes são meros aplicadores do Direito decorre, em especial, de dois fatores que ampliaram, em profundidade, o âmbito de atuação judicial:

---

[218] José Joaquim Gomes Canotilho, *Estado de direito*, p. 41.
[219] George Marmelstein, *Curso de direitos fundamentais*, p. 12.
[220] R. Carré de Malberg, *Teoría general del Estado*, p. 635.

1º Desenvolvimento do entendimento de que os princípios também são dotados de normatividade;

2º Positivação de um amplo rol de direitos, sobretudo nos textos constitucionais.

A partir do momento em que o juiz consegue encontrar respostas mais adequadas e justas no âmago do próprio ordenamento jurídico não se justifica mais a utilização de elementos extranormativos, ou, num sentido amplo, a discussão entre ser e dever ser, o que aumenta a segurança jurídica, e garante a separação entre o campo político e o jurídico, uma vez que os órgãos jurisdicionais deixam de definir suas regras decisórias e, consequentemente, podem se valer de critérios preestabelecidos[221].

No entanto, quando se conceitua hoje em dia o direito processual e se sustenta que a sua função primordial é a aplicação do direito para a solução de conflitos de natureza civil, trabalhista ou penal que coloquem em risco a integridade da ordem jurídica[222], é preciso deixar completamente de lado a visão equivocada de que os juízes são aplicadores mecânicos da ordem jurídica, como ressaltam, indiretamente, os §§ 1º e 2º do art. 489 do Código de Processo Civil ao preverem que:

> § 1º Não se considera fundamentada qualquer decisão judicial, seja ela interlocutória, sentença ou acórdão, que:
>
> I - se limitar à indicação, à reprodução ou à paráfrase de ato normativo, sem explicar sua relação com a causa ou a questão decidida;
>
> II - empregar conceitos jurídicos indeterminados, sem explicar o motivo concreto de sua incidência no caso;
>
> III - invocar motivos que se prestariam a justificar qualquer outra decisão;
>
> IV - não enfrentar todos os argumentos deduzidos no processo capazes de, em tese, infirmar a conclusão adotada pelo julgador;
>
> V - se limitar a invocar precedente ou enunciado de súmula, sem identificar seus fundamentos determinantes nem demonstrar que o caso sob julgamento se ajusta àqueles fundamentos;

---

[221] Dieter Grimm, *Constituição e política*, p. 17.
[222] Ada Pellegrini Grinover, *As garantias constitucionais do direito de ação*, p. 11.

> VI - deixar de seguir enunciado de súmula, jurisprudência ou precedente invocado pela parte, sem demonstrar a existência de distinção no caso em julgamento ou a superação do entendimento.
>
> § 2º No caso de colisão entre normas, o juiz deve justificar o objeto e os critérios gerais da ponderação efetuada, enunciando as razões que autorizam a interferência na norma afastada e as premissas fáticas que fundamentam a conclusão.

Em todas as situações descritas há margem de liberdade para o juiz, o que justifica a imposição expressa de motivação minuciosa das circunstâncias que levaram o julgador a estabelecer a interpretação observada no caso concreto.

O exemplo é importante para reforçar a ideia de que a observância da ordem jurídica não impede os juízes de valorar as situações que lhes são apresentadas e, desta forma, extrair a solução mais justa e adequada para o caso concreto.

Da mesma forma, não atinge o princípio da separação de poderes a participação do Judiciário na efetivação dos direitos e garantias, sobretudo dos que ostentam caráter fundamental, quando está presente a inércia ou inadequação dos órgãos legislativos e/ou executivos e quando as atividades desempenhadas encontram embasamento na própria ordem jurídica, em especial no texto constitucional, uma vez que a estruturação do Estado brasileiro como um Estado Democrático de Direito não representa apenas a participação democrática, mas também o efetivo acesso aos direitos e garantias previstos, tarefa imposta a todos os poderes do Estado, que, assim, adquiriram legitimidade constitucional para a efetivação dos comandos jurídicos, notadamente dos que foram estabelecidos pelo legislador constituinte.

A consagração de um Estado Democrático de Direito impõe a todos os poderes a efetivação dos direitos e garantias acolhidos pela Constituição, mesmo que para tanto tenham que ser abandonados os mecanismos tradicionais, caracterizados pela obrigatória intermediação legislativa e/ou executiva, já que é inadmissível que a proteção oferecida pelo Estado na efetivação da ordem jurídica seja deficiente, produzindo o aniquilamento ou a limitação de um direito, que nada mais é do que uma das modalidades de inconstitucionalidade por omissão[223].

---

[223] Maria Luiza Schäfer Streck, *Direito penal e constituição*: ..., p. 145.

O que não pode ser aceito é que o exercício da atividade jurisdicional desrespeite a arquitetura normativa do Estado, como a divisão do exercício do poder entre três diferentes áreas, que, num sentido amplo, refletem a teoria da separação de poderes.

Como o texto constitucional prevê as tarefas que estão a cargo de cada um dos poderes do Estado, delimitando o âmbito específico de atuação de cada um deles, as respectivas atribuições e os poderes específicos que lhe são conferidos para que cumpram com os objetivos previstos[224], é preciso que o modelo normativo previsto seja respeitado. Aliás, a própria separação de poderes é fundamental para garantir a concretização de direitos, já que serve para evitar o abuso no exercício do poder, tutelando, dessa maneira, os direitos conferidos pela ordem jurídica[225].

O princípio da separação de poderes não pode, porém, ser um obstáculo para a defesa jurisdicional da ordem jurídica, notadamente do texto constitucional, o que afasta o entendimento de que na tutela dos princípios e valores constitucionais está presente uma forma perniciosa de ativismo judicial[226], já que, embora os juízes estejam vinculados ao mesmo tempo à Constituição e às leis infraconstitucionais, não podem assistir inertes à omissão ou inadequação dos comandos legislativos quando violam claramente os valores e princípios constitucionais, sob pena de a definição dos contornos da Constituição passar a ser obra exclusiva do legislador infraconstitucional, de quem a efetividade da ordem jurídica se tornaria refém. Sendo assim, não é possível pactuar com o entendimento de que os juízes estão estritamente vinculados ao que consta expressamente nas normas jurídicas, mesmo as de natureza constitucional, sob a assertiva de que as decisões que versem sobre o conteúdo das normas jurídicas devem ficar a cargo exclusivo do Parlamento, por ser a única instituição que representa a totalidade do povo[227]. Aliás, a própria existência do controle de constitucionalidade serve para demonstrar que a atividade legislativa também pode apresentar vícios e que a análise de uma norma não se restringe ao aspecto formal.

---

[224] Konrad Hesse, *Temas fundamentais de direito constitucional*, p. 5.
[225] George Marmelstein, *Curso de direitos fundamentais*, p. 38.
[226] Lenio Luiz Streck, *Jurisdição constitucional e hermenêutica: ...*, pp. 107-108.
[227] Manuel Aragón Reyes, *El juiz ordinario entre legalidad y constitucionalidad*, p. 32.

A observância do Estado de Direito produzirá inúmeras consequências no âmbito do direito material e processual, cumprindo lembrar, neste momento, a necessidade de respeito ao contraditório e à ampla defesa, que são também considerados garantias fundamentais, e se voltam, em especial, para a proteção do sujeito passivo da relação jurídica processual.

O sistema processual não pode, consequentemente, deixar de se preocupar com a tutela de direitos, uma vez que o Estado de Direito somente funciona a contento quando existem instrumentos processuais que tutelam adequadamente os diferentes direitos, especialmente os considerados fundamentais[228].

Observância da ordem jurídica

Por imposição lógica decorrente da existência de um Estado de Direito, a interpretação e a aplicação do direito devem se fundar em elementos normativos, que, quando adequadamente utilizados, uma tutela jurisdicional justa, adequada e tempestiva.

O alcance dos objetivos descritos ocorre, porém, quando os valores e princípios previstos na ordem jurídica, especialmente no texto constitucional, permitem ao intérprete deixar de lado o mero subjetivismo e a utilização de elementos extranormativos.

Realmente, quando há mecanismos jurídicos que possibilitam a efetividade da tutela jurisdicional os intérpretes devem abdicar de seus valores, compromissos e princípios, garantindo, assim, que sejam respeitados os processos democráticos de criação do Direito e, consequentemente, a supremacia do texto constitucional[229].

A propósito, são dois os fundamentos principais que podem ser listados para justificar a observância da ordem jurídica, na qual devem ser procurados os subsídios que possibilitem uma prestação efetiva da tutela jurisdicional.

O primeiro fundamento é que os juízes, ao contrário dos que exercem a atividade legislativa, não são legítimos representantes da vontade popular, de acordo com a teoria da representação[230], e, desta forma, não podem substituir ou se contrapor aos legisladores.

---

[228] Ada Pellegrini Grinover, *As garantias constitucionais do direito de ação*, p. 19.
[229] Cass R. Sunstein, *A constituição parcial*, pp. 10-11.
[230] R. Carré de Malberg, *Teoría general del Estado*, p. 656.

O segundo fundamento decorre do fato de que a ordem jurídica brasileira oferece mecanismos que possibilitam soluções adequadas para as diferentes situações concretas em razão das aberturas normativas existentes, o que afasta por inteiro o entendimento de que a vinculação à ordem jurídica torna a atuação jurisdicional uma atividade de mera subsunção de comandos gerais a situações concretas.

Portanto, o que justifica o respeito à ordem jurídica é o seu conteúdo, que possibilita a adequada proteção dos diferentes tipos de interesses sem que seja preciso romper com o seu campo hermenêutico.

Por falar nisso, a necessidade de observância da ordem jurídica ganha força em virtude do fato de que o direito processual encontra suas linhas fundamentais no texto constitucional, num conjunto de dispositivos que formam o direito processual constitucional e espelham as garantias constitucionais do processo.

No âmbito infraconstitucional há também comandos de natureza processual que estão em perfeita consonância com o texto constitucional e, particularmente, com a necessidade de que a tutela jurisdicional seja efetiva.

É o que ocorre com a disciplina referente ao mandado de segurança, que prevê que a cognição acerca da existência de uma situação de ilegalidade ou abuso de poder, que são as hipóteses que possibilitam o manejo do instituto, será sumária, sendo possível apenas a utilização da prova documental para garantir a presença da rapidez na solução do conflito, fazendo com que o mandado de segurança seja uma ação documental pura.

Ainda em relação ao respeito à ordem jurídica, especialmente no que tange à esfera processual, a atuação jurisdicional não pode deixar de lado o contraditório e a ampla defesa, que devem ser conciliados com a necessidade de efetividade processual.

O contraditório e a ampla defesa são considerados direitos fundamentais pelo fato de que possibilitam uma solução justa para o conflito, uma vez que propiciam aos sujeitos parciais do processo a defesa em juízo dos seus interesses, podendo interferir no resultado final da atividade jurisdicional. Além disso, no desempenho da atividade jurisdicional surgem várias hipóteses em que será necessária a ponderação de interesses, sobretudo pela necessidade de harmonização ou concordância prática entre princípios colidentes.

O ideal, obviamente, é que seja possível conciliar de forma plena os diferentes interesses, garantindo que todos os princípios adquiram um grau máximo de efetividade. No entanto, nem sempre é possível garantir a tutela concomitante do interesse de todas as pessoas, o que leva eventualmente às escolhas que devem ser efetuadas em situações concretas, mediante a identificação do interesse que deve prevalecer.

Ilustra com bastante precisão os conflitos que possam eventualmente gerar colisão entre o contraditório pleno e a necessidade de celeridade processual. De fato, se de um lado a necessidade de observância do princípio de devido processo legal permite extrair o entendimento de que deve ser buscada a identificação mais precisa possível dos fatos que cercam o conflito e, consequentemente, uma solução justa para o conflito mediante uma instrução processual completa que possibilite o exercício de uma cognição plena e exauriente, do outro lado pode haver a necessidade de que o conflito seja solucionado o mais rapidamente possível, mesmo que em caráter provisório, por força de uma situação de urgência.

O problema é que, em muitos casos, não é possível conciliar a prestação célere da tutela jurisdicional, um dos requisitos para que seja efetiva, com a observância de todas as garantias processuais, levando à necessidade de que sejam ponderados os interesses em disputa.

A ponderação de interesses será necessária em razão do fato de que a rapidez processual, como elemento fundamental para a efetividade do processo, e o direito à segurança jurídica, reputado essencial para garantir a estabilidade da ordem jurídica, são direitos fundamentais com assento constitucional, o que impõe a sua observância por todos os órgãos jurisdicionais. Sendo assim, será necessário estabelecer qual interesse deve preponderar no caso concreto: a rapidez ou a segurança jurídica.

Em se tratando de situações de urgência, por exemplo, será necessário se valer da probabilidade de existência do direito invocado em detrimento da possibilidade de manifestação imediata do contraditório pleno, fazendo com que prevaleça o direito considerado mais provável no caso concreto[231].

Em suma, nem sempre será possível que os preceitos que integram a ordem jurídica e que beneficiam o autor e o réu tenham plena aplicabilidade no processo em virtude da possibilidade de colisão de interesses, havendo a necessidade de que se faça a opção pelo que se apresenta mais relevante no caso concreto.

O acesso à ordem jurídica deve ser garantido por mecanismos que possibilitem a prestação de uma tutela adequada às peculiaridades do direito material, o que leva à necessidade de interpretação e aplicação correta dos diferentes dispositivos que integram o sistema processual, sobretudo os princípios existentes, a fim de que ocorra a concretização dos mandamentos normativos.

Devido processo legal

Dentre os diferentes princípios de natureza processual, o princípio do devido processo legal é o mais importante de todos, sendo inclusive apontado que os demais princípios processuais representam simplesmente o seu desmembramento.

É comum inclusive que se aduza que bastaria que o texto constitucional brasileiro fizesse menção ao princípio do devido processo legal para que os litigantes tivessem o direito a um processo e uma sentença justos, uma vez que o princípio traz em seu bojo todas as garantias processuais, a ponto de ser o gênero do qual são extraídos todos os demais princípios[232].

Em relação à justiça que deve decorrer do processo, o princípio do devido processo legal impõe, ao mesmo tempo, a defesa dos interesses do autor e do réu, sendo que no caso do autor deve colocar à sua disposição mecanismos que tutelem de forma efetiva o seu interesse nas diferentes situações de lesão ou ameaça que possam envolver o direito material[233].

---

[231] Júlio Ricardo de Paula Amaral, *Tutela antecipatória*, p. 14.
[232] Nelson Nery Junior, *Princípios do processo civil na Constituição Federal*, p. 65.
[233] Deilton Ribeiro Brasil, *Tutela específica das obrigações de fazer ou de não fazer*, p. 50.

De maneira sintética, o devido processo legal, no que concerne à existência de um processo justo, se caracteriza por colocar à disposição das partes os meios adequados para a definição, a proteção e a realização dos direitos lesionados ou ameaçados, possibilitando a presença de uma justiça efetiva e adequada, o que impõe a adoção de vários mecanismos de proteção[234].

O princípio do devido processo legal (*due process of law*) apresenta dois sentidos: o *formal* (*procedural due process*) e o *substancial* (*substantive due process*), que, consequentemente, conferem fundamento material e formal aos demais princípios e regras processuais[235]. O sentido formal diz respeito ao direito processual e o substancial ao direito material[236], embora o aspecto substancial também produza reflexos diretos no âmbito processual, por força do seu caráter instrumental.

O princípio do devido processo legal, em seus dois sentidos, consiste no direito à obtenção de uma tutela jurisdicional que utilize como suporte um processo que respeite a um conjunto sistematizado de atos praticados de acordo com a moldura prevista, em consonância com as garantias processuais existentes e que propicie o acesso a uma ordem jurídica justa[237].

No sentido formal, o princípio do devido processo legal representa a garantia de que serão observados os comandos legislativos impostos para o desenvolvimento do processo e a solução do conflito, estejam na Constituição ou nas normas infraconstitucionais, embora os primeiros sirvam como suporte para a interpretação e a aplicação dos demais dispositivos.

Sob a ótica formal, a ênfase principal do devido processo legal se direciona ao procedimento a ser seguido, que não poderá violar aos comandos estatuídos pelo ordenamento jurídico. É indiferente a substância do ato, pois é levada em consideração apenas a adequação da atuação jurisdicional aos comandos que regem o desenvolvimento processual[238].

Em seu sentido substancial, o devido processo legal consiste na garantia de que as normas jurídicas aplicáveis no caso concreto serão razoáveis, justas e se compatibilizarão com o texto cons-

---

[234] Luiz Fux, *Tutela de segurança e tutela da evidência:* ..., p. 319.
[235] Ruy Samuel Espíndola, *Conceito de princípios constitucionais*: ..., p. 73.
[236] Nelson Nery Junior, *Princípios do processo civil na Constituição Federal*, p. 65.
[237] Carlos Roberto Siqueira de Castro, *A constituição aberta e os direitos fundamentais*: ..., p. 334.
[238] Paulo Fernando Silveira, *Devido processo legal (due process of law)*, p. 242.

titucional[239], propiciando a efetiva observância dos direitos previstos na ordem jurídica, uma vez que o direito processual possui caráter instrumental e, consequentemente, deve ser apto a alcançar os fins que lhe foram traçados, o que requer a presença de procedimentos que estejam em consonância com as necessidades do direito material.

O enfoque substancial do devido processo legal deve ser aplicável também em se tratando de normas de natureza processual, a fim de se garantir a efetividade na prestação da tutela jurisdicional, especialmente a efetiva observância dos direitos fundamentais.

Sob a ótica substancial, o devido processo legal possibilita que o Poder Judiciário possa aferir se os direitos e garantias previstos pelo ordenamento jurídico estão sendo efetivamente observados. Desta forma, o princípio permite que sejam afastadas as situações de omissão ou as eventuais distorções que se apresentem no campo normativo.

Com base no devido processo legal em seu enfoque substancial é possível ampliar a participação jurisdicional, garantindo que as normas jurídicas sejam interpretadas e aplicadas de maneira correta ou mesmo afastadas, de forma total ou parcial, quando ferirem os princípios, valores e objetivos previstos no texto constitucional.

A postura substancial a respeito do princípio do devido processo legal decorre da sua obrigatória vinculação ao texto constitucional, que, por sua vez, produz a sua materialização[240]. Por sinal, o direito constitucional processual, como conjunto de garantias de natureza processual que decorrem da Constituição, também tem como referencial o devido processo legal.

Portanto, do princípio do devido processo legal decorrem inúmeros direitos e garantias de ordem formal e substancial, sendo que a seguir serão listadas algumas situações que contribuem de forma mais direta para a efetividade na prestação da tutela jurisdicional.

---

[239] Ada Pellegrini Grinover, *As garantias constitucionais do direito de ação*, p. 36; Rogério Lauria Tucci e José Rogério Cruz e Tucci, *Devido processo legal e tutela jurisdicional*, p. 18.
[240] Willis Santiago Guerra Filho, *Teoria processual da constituição*, p. 27.

Em primeiro lugar, o princípio do devido processo legal influi sobre a interpretação e a aplicação do direito processual, uma vez que sua vertente substancial prevê que devem ser afastadas as normas jurídicas que sejam consideradas injustas, inadequadas e despidas de razoabilidade para a incidência no caso concreto.

No aspecto procedimental, o devido processo legal assegura a observância dos comandos jurídicos que regem a atuação do Poder Judiciário, das partes e de terceiros que colaboram para a solução do conflito.

É por isso que, embora o art. 765 da CLT conceda literalmente aos juízes do trabalho ampla liberdade na condução do processo, os operadores jurídicos são acordes em dizer que essa liberdade está vinculada ao respeito ao princípio do devido processo legal.

Portanto, deve ser observado o procedimento previsto pelo legislador, a fim de que as partes tenham acesso à sequência preestabelecida para o desenvolvimento processual, que não pode ser mutilada ou reduzida de forma arbitrária[241].

Por outro lado, somente podem ser admitidas as alterações procedimentais que estejam previstas em lei, mesmo que a modificação fique sob a responsabilidade dos juízes[242], a fim de que as partes tenham um mínimo de estabilidade e segurança jurídica.

Todavia, é possível a adoção de um modelo intermediário, que era mencionado pelo § 1º do art. 151 do Projeto originário de Novo Código de Processo Civil, que versava sobre a possibilidade de modificação dos procedimentos ou atos processuais quando fossem inadequados para a solução adequada do conflito. Para tanto, o juiz deveria ouvir as partes e garantir a observância do contraditório e da ampla defesa[243].

Realmente, nada impede o juiz de fazer unilateralmente a modificação dos procedimentos existentes quando forem manifestamente inadequados para o caso concreto, utilizando como referencial a estrutura normativa existente, em especial o texto constitucional, sob pena de que ocorra a prevalência da forma sobre a

---

[241] Rogério Ives Braghittoni, *O princípio do contraditório no processo: doutrina e prática*, p. 29.
[242] Rogério Ives Braghittoni, *O princípio do contraditório no processo: doutrina e prática*, p. 29.
[243] Art. 151. (...) § 1º Quando o procedimento ou os atos a serem realizados se revelarem inadequados às peculiaridades da causa, deverá o juiz, ouvidas as partes e observados o contraditório e ampla defesa, promover o necessário ajuste.

substância, com o consequente desprezo ao princípio da razoabilidade.

Essa possibilidade de modificação de ofício dos procedimentos manifestamente inadequados guarda relação com a postura seguida pelo pretor romano, sendo essencial, porém, que seja devidamente fundamentada e plenamente justificável à luz do caso concreto.

A observância dos procedimentos estabelecidos também é importante para garantir o respeito às determinações que emanam do direito material, sobretudo em se tratando do texto constitucional, cujo conteúdo é cada vez mais aberto e, sendo assim, cada vez será aplicável a um maior número de situações. Desse modo, é imprescindível contar com uma forma estabilizadora, embora aberta, para o alcance dos objetivos previstos[244].

A função primordial do devido processo legal quanto ao desenvolvimento processual será estabelecer um ponto de equilíbrio entre, de um lado, o excesso de formalismo processual, e, do outro, o informalismo processual excessivo, uma vez que, na primeira hipótese, há o risco de que o direito material e a justiça pereçam e, na segunda, as partes podem ficar totalmente submetidas ao arbítrio e ao poder do Estado[245].

O que se busca, em última análise, é conseguir que o devido processo legal opere entre o informalismo e o formalismo excessivo, numa posição de equilíbrio, garantindo que a justiça prevaleça sobre as formalidades processuais que sejam dispensáveis ou devam ser postas de lado na situação em análise[246].

O devido processo legal é uma garantia que beneficia a todos os participantes do processo, que terão o direito de participar ativamente do desenvolvimento do processo e de interferir efetivamente no convencimento do juiz.

Ainda quanto ao procedimento, o devido processo legal assegura o direito à obtenção de uma tutela específica, por força da influência do princípio da razoabilidade. Desse modo, há o direito de se obter uma tutela que seja compatível com a relação jurídica material.

---

[244] Konrad Hesse, *Temas fundamentais de direito constitucional*, p. 90.
[245] Carlos Alberto Alvaro de Oliveira, *Do formalismo no processo civil*, p. 86.
[246] Sérgio Luís Wetzel de Mattos, *Devido processo legal e proteção de direitos*, p. 131.

Portanto, a existência de procedimentos especiais e a possibilidade de variação procedimental se colocam de forma indiscutível no bojo do devido processo legal, servindo como um dos parâmetros para o exercício da atividade jurisdicional.

A diversidade procedimental servirá para que a prestação jurisdicional possa ser justa, célere e econômica, possibilitando a realização efetiva dos diferentes interesses pelo Estado através do processo[247].

No mesmo sentido, a multiplicidade de procedimentos, bem como a possibilidade de variação à luz do caso concreto, garante que sejam praticados apenas os atos processuais que se justifiquem no caso concreto para a prestação da tutela jurisdicional, como ocorre em se tratando de julgamento antecipado da lide[248].

Outra importante manifestação do devido processo legal é a necessidade de respeito ao contraditório e à ampla defesa, uma vez que o contraditório integra a própria essência do processo, a ponto de ser apontado por alguns autores que o processo pode ser definido como o procedimento em contraditório.

Dentro do contexto que relaciona a essência do processo ao contraditório, sendo o processo caracterizado pela celebração contraditória do procedimento, vigora o entendimento de que o procedimento deve assegurar às partes níveis adequados de participação na relação jurídica processual, garantindo, desta forma, a legitimidade da atividade jurisdicional[249].

Entretanto, na disciplina do procedimento, notadamente do seu aspecto temporal, é preciso distribuir entre as partes os poderes, faculdades e ônus da maneira mais paritária possível, permitindo a conciliação entre a defesa dos interesses que se encontram em contraposição com o desenvolvimento adequado do procedimento[250], já que o procedimento não pode beneficiar apenas o autor e muito menos unicamente o réu, uma vez que é também orientado pelo princípio da igualdade, outro subprincípio do devido processo legal, o que conduz, obrigatoriamente, à ponderação de interesses quando não seja possível ofertar uma proteção ampla aos dois envolvidos no embate processual.

---

[247] Antonio Carlos Marcato, *Procedimentos especiais*, p. 73.
[248] Kazuo Watanabe, *Da cognição no processo civil*, p. 108.
[249] Cândido Rangel Dinamarco, *A instrumentalidade do processo*, p. 79.
[250] Carlos Alberto Alvaro de Oliveira, *Do formalismo no processo civil*, pp. 113-114.

É por força do exposto que a tutela baseada na mera aparência e na urgência também encontra sustentação no contexto do devido processo legal. Na realidade, a verossimilhança está presente em todo o desenvolvimento processual, abrangendo, por exemplo, a decisão de recebimento da petição inicial e as decisões liminares que versam sobre o mérito da causa[251].

Em particular, merece destaque a utilização cada vez mais intensa e frequente dos juízos de mera aparência e plausibilidade na concessão de mecanismos de proteção aos direitos invocados, embora ostentem caráter provisório, uma vez que não encerram o desenvolvimento da relação processual, que prossegue para que a cognição judicial possa se desenvolver de forma plena e exauriente.

Essa situação de proteção com base em juízos sumários, que, como vimos, era bastante utilizada pelos pretores, procura garantir a efetiva igualdade entre as partes, já que o desenvolvimento integral de um procedimento de cognição plena e exauriente, para que somente ao seu final seja tutelado o direito, serve de maneira imediata unicamente para a tutela do interesse do réu, uma vez que assegura a manutenção do *status quo* existente antes do processo.

Não podemos, portanto, perder de vista o caráter instrumental do processo e a sua missão precípua de possibilitar a concretização de direitos mediante o afastamento da situação de lesão ou ameaça que coloque em risco as situações juridicamente protegidas.

Todavia, a realização de direitos não pode desprezar as garantias existentes no ordenamento jurídico, sobretudo as que encontram acolhimento no texto constitucional, o que faz com que sejam excluídas do contexto do devido processo legal todas as garantias que, no caso concreto, conduzam à impossibilidade de concessão de uma tutela justa e adequada em virtude da sua falta de razoabilidade[252].

Em resumo, o devido processo legal não pode representar um empecilho ao exercício efetivo da atividade jurisdicional, mas, para tanto, é preciso que os diferentes interesses existentes se-

[251] Ovídio Araújo Baptista da Silva, *Curso de processo civil*: ..., Vol. 1, p. 73.
[252] Ada Pellegrini Grinover, *As garantias constitucionais do direito de ação*, p. 41.

jam conciliados de forma adequada, fazendo-se, se for o caso, a sua ponderação.

Forma e essência do processo

Dois fatores decorrem basicamente do princípio do devido processo legal: a forma e a essência do processo. Esses dois aspectos genericamente analisados no tópico anterior serão novamente objeto de exame, agora num sentido mais amplo.

A forma é fundamental para estabelecer o tempo, o lugar e a forma de prática dos atos processuais, permitindo que o processo tenha um desenvolvimento lógico. Ademais, como um dos elementos do devido processo legal, é imprescindível para impedir o arbítrio judicial e conferir segurança jurídica às partes[253].

No entanto, as formas processuais não podem suplantar a essência, que é representada pelo direito material em discussão. De fato, a forma somente se justifica quando propicia uma tutela adequada, justa e tempestiva para as diferentes hipóteses de lesão ou ameaça a direito que são levadas ao conhecimento do Poder Judiciário, uma vez que também deve observar aos princípios e valores que integram a ordem jurídica, o que é primordial para garantir o respeito à axiologia constitucional.

Há muito se aponta que o processo é um instrumento para a tutela do direito material, o que faz com que o seu desenvolvimento também tenha que levar em consideração esse escopo para que se alcance a efetividade na prestação da tutela jurisdicional, que é inerente ao fato de que representa um direito fundamental previsto expressamente no texto constitucional.

Não é por outra razão que as formas processuais não podem ser consideradas de maneira isolada e unicamente como um importante mecanismo para evitar o arbítrio e conferir segurança às partes, uma vez que também exteriorizam outros princípios e valores.

Embora as duas funções mencionadas sejam indiscutivelmente importantes, devem ser também conciliadas com a necessidade de o Estado prestar a tutela jurisdicional de forma célere, dentro de um tempo razoável, a fim de que o eventual direito do autor não pereça ou sofra um dano irreparável.

---

[253] Carlos Alberto Alvaro de Oliveira, *Do formalismo no processo civil*, p. 123.

O processo se volta à realização de inúmeros valores, dentre os quais figura, sem dúvida, o valor justiça, e, por isso, é fundamental que se baseie em princípios e técnicas que tenham como meta a efetivação dos valores que integram o ordenamento jurídico.

É preciso, portanto, que o processo também leve em consideração a sua perspectiva externa, caracterizada pela ênfase nos objetivos que devem ser alcançados pelo sistema processual e, particularmente, na necessidade de garantir que o universo axiológico normativo existente seja tutelado adequadamente pelo Estado[254].

O que se pretende ao se ressaltar as funções a cargo do sistema processual é que a elaboração do sistema processual e a sua interpretação e aplicação sejam pautadas pelo alcance dos objetivos propostos, que, por sinal, justificam a própria existência do processo como um meio de pacificação social.

A partir do enquadramento da jurisdição como um direito fundamental é possível concluir que decorre do seu bojo, naturalmente, o direito a ter acesso a procedimentos adequados para a tutela dos diferentes interesses, seja por previsão expressa do legislador, por meio da utilização de mecanismos de abertura, seja mesmo por força da adequada utilização dos instrumentos jurídicos existentes, notadamente dos princípios constitucionais.

De maneira singela, o alcance dos objetivos propostos passa, necessariamente, pela compatibilização entre, de um lado, o formalismo e a segurança, e, do outro, a ausência ou simplificação das formas e a justiça. Aliás, as exigências sociais de rapidez, que é um fator constante nas relações sociais, fizeram com que o foco central do sistema processual deixasse de ser apenas o binômio segurança-certeza e passasse a girar também em torno da rapidez-probabilidade, o que pode ser notado com o exame da ampliação dos mecanismos de tutela diferenciada que se sustentam em juízos de probabilidade[255].

A conciliação entre a forma e a essência do processo requer, contudo, que sejam observados pelo menos quatro fatores fundamentais para a organização, o desenvolvimento do processo, a

[254] Cândido Rangel Dinamarco, *A instrumentalidade do processo*, p. 99.
[255] Júlio Ricardo de Paula Amaral, *Tutela antecipatória*, p. 10.

solução do conflito, a realização dos direitos e a proteção da atividade jurisdicional.

É preciso, em primeiro lugar, que esteja presente o valor justiça, que surge no processo apenas quando o direito material é corretamente aplicado e, assim, a atividade jurisdicional propicia o gozo das situações de vantagens concedidas pela ordem jurídica[256].

Em segundo lugar, não é possível abandonar também o valor segurança, que resguarda a própria integralidade da ordem jurídica e se liga aos escopos políticos do processo[257].

A pacificação social é o terceiro elemento a ser obrigatoriamente observado pelo Estado quando do desempenho da atividade jurisdicional. Não basta, portanto, solucionar o conflito, pois é necessário que as situações de intranquilidade sejam debeladas com a maior rapidez possível.

Por fim, e igualmente importante, figura a efetividade como um valor essencial para que o processo cumpra o seu caráter público de instrumento adequado e justo de pacificação social, especialmente quando a situação de lesão ou ameaça esteja relacionada a um direito fundamental.

Decisões substanciais

Embora a forma seja importante para o desenvolvimento da atividade jurisdicional, as decisões substanciais serão objeto de análise específica neste tópico, uma vez que, embora estejam amparadas no ordenamento jurídico, possibilitam a ampliação da esfera normativa ao quebrar sua identificação com as regras, permitindo, assim, que a tutela jurisdicional seja efetiva ou simplesmente tenha uma maior efetividade.

O exame das decisões de caráter substancial decorre, em especial, do fato de que a estrutura normativa em vigor não difere na essência do modelo pretoriano, que contribuiu de maneira significativa para aumentar a efetividade da tutela jurisdicional, tendo em vista que modernamente também se encontra presente nos diferentes ordenamentos jurídicos um amplo rol de valores e princípios que devem ser efetivados através da interpretação e da

---

[256] Carlos Alberto Alvaro de Oliveira, *Do formalismo no processo civil*, p. 66.
[257] Carlos Alberto Alvaro de Oliveira, *Do formalismo no processo civil*, p. 67.

aplicação do direito, a exemplo do modelo romano que serviu de amparo para a atuação pretoriana.

Nos dois casos se manifesta com ênfase o entendimento de que os valores e princípios previstos na ordem jurídica são dotados de normatividade e, desta forma, devem ser obrigatoriamente efetivados, exigência que é ainda maior quando decorrem do texto constitucional.

Entretanto, o exame que realizaremos neste tópico corresponderá apenas a um estudo introdutório a respeito do tema, uma vez que a ele dedicamos várias partes deste estudo em virtude de sua importância para a compreensão do poder dos pretores e das decisões judiciais que procuram extrair a verdadeira essência da ordem jurídica.

Para iniciar os estudos específicos a respeito das decisões substanciais é relevante recordar que comumente é feita a diferenciação entre tutela jurídica e tutela jurisdicional, sendo que a primeira se relaciona ao direito material e a segunda ao direito processual.

Na tutela jurídica o ordenamento jurídico dispõe a respeito de diferentes situações que interessam ao Direito em virtude de sua relevância, conferindo-lhes natureza jurídica e enquadrando-as no bojo do direito material.

A tutela jurídica é realizada primordialmente pelo legislador e seu fator distintivo é o fato de que inova o ordenamento jurídico ao trazer para o seu seio fatos que antes eram despidos de normatividade.

De maneira diversa, a tutela jurisdicional é inicialmente atrelada aos mecanismos de natureza processual que existem para o reconhecimento e a efetivação de direitos.

Quando as decisões são consideradas substanciais não se foge essencialmente da moldura descrita. A diferença em relação à visão tradicional é que os órgãos jurisdicionais utilizam também como base para as suas decisões, independentemente de intermediação legislativa, os princípios, valores e objetivos que tenham sido incluídos na ordem jurídica pelo legislador, atribuindo-lhes força normativa, ao contrário da postura anteriormente existente que os colocavam na esfera da mera abstração e da metafísica[258].

Essa postura substancialista encontra fundamento no fato de o Estado Democrático de Direito consagrado pela Lei Maior ter como um dos seus sustentáculos os direitos fundamentais, que não podem ser deixados de lado para que não ocorra uma ofensa direta à própria estrutura da ordem jurídica. Sendo assim, é a própria existência do Estado Democrático de Direito que justifica a legitimidade dos órgãos jurisdicionais quando atuam para garantir a efetiva observância da ordem jurídica, notadamente do texto constitucional[259].

Consequentemente, os julgadores não ficam limitados à aplicação das regras e avançam também em relação aos princípios, que também são considerados dotados de normatividade e, o que é mais importante, de forma bastante acentuada ampliam o campo interpretativo, sendo às vezes difícil inclusive dizer se as decisões judiciais que os utilizam estão inovando a ordem jurídica ou preservando a normatividade existente.

Essa dificuldade de estabelecer ao certo onde termina a mera interpretação e aplicação do direito e em seu lugar surge a criação não é um problema recente, pois também foi objeto de cogitação no Direito Romano quando se procurou limitar o poder dos pretores sob a alegação de que suas decisões violavam as normas jurídicas existentes.

Os pretores, por sinal, utilizavam como ponto de apoio para o exercício do poder de império os princípios gerais de direito, a equidade e as necessidades concretamente vivenciadas pela sociedade e procuravam justificar o sentido e o alcance do seu poder na ordem jurídica romana, a exemplo do que é comumente feito atualmente pelos juízes quando apreciam as situações em que a previsão legislativa a respeito do assunto é dotada de extrema generalidade e abstração, caso dos conceitos indeterminados e cláusulas gerais.

Em razão do exposto, procuraremos neste item verificar quais os principais argumentos de ordem processual que justificam as denominadas decisões substanciais.

---

[258] Bruno Galindo, *Direitos fundamentais: análise de sua concretização constitucional*, p. 78.
[259] Lenio Luiz Streck, *Jurisdição constitucional e hermenêutica: ...*, p. 113.

O elemento primordial para as decisões substanciais é o fato de que os comandos de natureza processual que a princípio poderiam ser utilizados são considerados insuficientes para garantir a efetividade da tutela jurisdicional, havendo, assim, um manifesto descompasso entre o direito processual e o material, postura inadmissível quando a jurisdição ostenta a qualidade de um direito fundamental e possui caráter instrumental.

A insuficiência pode se ligar ao fato de que um determinado comando existente é inadequado para o caso concreto ou simplesmente não existe um mecanismo de tutela previsto para a situação examinada.

Essa situação de inadequação envolve particularmente as regras, que nas situações analisadas não estão servindo para a concretização dos princípios e valores previstos no sistema jurídico, principalmente os de natureza constitucional.

Pode ser também que o problema decorra do fato de que a diversidade de interesses presentes não esteja sendo devidamente considerada, por força da falta de sua adequada ponderação, que decorre do fato de que as normas jurídicas são construídas de maneira abstrata.

Em qualquer das hipóteses de inadequação ou lacuna do sistema jurídico há a necessidade de que sejam tomadas providências que assegurem a efetividade da tutela jurisdicional, a fim de que sejam resguardadas as situações amparadas juridicamente pelo direito material e processual.

O intento das decisões substanciais é a concretização dos princípios e valores que gravitam em torno do ordenamento jurídico e que, por isso, não podem deixar de ser efetivados, como é o caso do devido processo legal.

Num sentido amplo, a meta das decisões que ostentam caráter substancial é garantir que a ordem jurídica seja considerada de maneira integral, sobretudo a materialidade expressa no texto constitucional, uma vez que possibilita a efetividade da tutela jurisdicional em virtude do amplo campo normativo existente, o que ocorre quando são adequadamente utilizados os seus diferentes princípios, conceitos indeterminados e cláusulas gerais.

É por isso que a forma como a concretização é colocada situa os princípios num plano superior, ressaltando que as normas infraconstitucionais somente devem ser aplicadas quando observá-los, a fim de que não seja subvertida a própria aplicação dos princípios[260]. Dessa forma, a concretização incide sobre normas jurídicas, notadamente sobre os valores e objetivos agasalhados pelo legislador e que se encontram na maioria das vezes presentes nos princípios, possibilitando que as determinações jurídicas sejam efetivamente respeitadas.

Através da concretização uma norma sai do papel e ingressa na realidade, o que faz com que se insira também no plano da eficácia, passando, assim, a contar com uma normatividade plena, por força do atendimento de todos os planos normativos. Por sinal, a aquisição de normatividade plena faz parte da própria essência das normas, uma vez que não basta que os direitos sejam proclamados, pois é também fundamental que sejam efetivados, já que as normas têm como objetivo básico direcionar a conduta humana, permitindo que o homem possa viver harmonicamente em sociedade. Por isso, as normas despidas de eficácia são consideradas letras mortas pelo fato de que suas determinações não são incorporadas às condutas humanas[261].

A necessidade de concretização é ainda maior quando se trata de normas constitucionais, por força da sua posição hierárquica, embora a aquisição de eficácia seja primordial para todas as normas jurídicas.

Em se tratando das normas constitucionais, o aspecto diferencial é a necessidade de que seus dispositivos sejam efetivados de forma plena e imediata, mesmo que existam eventuais resistências[262], já que ocupam o ápice do ordenamento jurídico, servindo como fundamento de validade das demais normas jurídicas.

O próprio texto constitucional inclusive afirma que as normas definidoras de direitos e garantias, cujo rol inclui as que versam sobre a prestação da tutela jurisdicional, são dotadas de aplicabilidade imediata (§ 1º do art. 5º), o que faz com que independam de regulamentação, uma vez que produzem consequências jurídicas de imediato, aspecto essencial para combater os déficits históricos que incidiam sobre os direitos fundamentais quando figuravam na esfera da mera declaração[263].

---

[260] Celso Ribeiro Bastos, *Hermenêutica e interpretação constitucional*, p. 118.
[261] Konrad Hesse, *Temas fundamentais de direito constitucional*, p. 95.
[262] Konrad Hesse, *Temas fundamentais de direito constitucional*, p. 97.
[263] Dieter Grimm, *Constituição e política*, p. 83.

Há, ainda, o sentido negativo da concretização, que envolve a declaração de inconstitucionalidade das normas que violem a supremacia constitucional, impedindo que a tutela jurisdicional possa ser adequadamente prestada.

Da mesma forma, a garantia do devido processo legal pode ser utilizada para possibilitar o afastamento das normas infraconstitucionais que sejam arbitrárias ou despidas de razoabilidade, impedindo que a atividade jurisdicional alcance integralmente os seus objetivos[264].

A falta de razoabilidade interferirá diretamente no eventual afastamento do formalismo processual quando inviabilizar ou dificultar o exercício da atividade jurisdicional, sobretudo quando fizer com que o direito material que está sendo discutido nos autos corra o risco de perecer. Dessa forma, a legitimidade do procedimento deve ser analisada em cotejo com o caso concreto, tendo em vista que, embora seja fundamental para garantir a segurança jurídica e evitar o arbítrio, não pode suplantar o entendimento de que o direito processual é um mero instrumento para a tutela do direito material.

Não se defende a pura e simples substituição dos comandos preestabelecidos pelo legislador pela atuação livre dos órgãos jurisdicionais. Ao contrário, a regra é que os juízes observem aos modelos estabelecidos pelo legislador, garantindo, dessa maneira, o respeito ao princípio da separação de poderes e a observância da normatividade estatal.

No entanto, quando as soluções previstas pelo legislador forem manifestamente injustas e inadequadas para o caso concreto é fundamental que os juízes possam fazer a correta valoração do ordenamento jurídico e suprir as lacunas existentes, afastando com sua conduta os equívocos legislativos que impeçam a atividade jurisdicional de ser dotada de efetividade.

Os órgãos jurisdicionais, porém, devem participar apenas em caráter subsidiário da correção dos eventuais equívocos e omissões legislativas, já que a criação e a modificação do sistema

[264] Carlos Alberto Alvaro de Oliveira, *Do formalismo no processo civil*, p. 223.

normativo são tarefas típicas dos poderes Legislativo e Executivo[265], de acordo com o princípio democrático, com o princípio da separação de poderes e com o modelo representativo seguido no Estado brasileiro.

O que não pode ser aceito é que a visão abstrata a respeito do direito de ação o afaste do direito material alegado em concreto e a atividade jurisdicional se restrinja à observância de modelos preexistentes, mesmo que obstem à efetividade da tutela jurisdicional e levem ao perecimento, total ou parcial, do direito material.

Por fim, não podemos deixar de ressaltar, mais uma vez, que a concretização levará à necessidade de conciliação de diferentes interesses, com a prevalência do que seja mais relevante no caso concreto após a análise das vantagens e desvantagens que decorrem da postura adotada.

[265] George Marmelstein, *Curso de direitos fundamentais*, p. 317.

Inafastabilidade da Jurisdição

Previsão e fundamento

O princípio da inafastabilidade da jurisdição está previsto no artigo 5º, inciso XXXV, da Constituição Federal, que prevê que "a lei não excluirá da apreciação do Poder Judiciário lesão ou ameaça a direito". Integra, portanto, o rol dos direitos fundamentais, conforme expressa previsão do legislador constituinte.

O princípio da inafastabilidade da jurisdição, também denominado de *princípio da proteção judiciária*, é considerado o principal meio para a proteção da normatividade jurídica[266], uma vez que em seu âmago se insere não apenas o direito de acesso aos órgãos jurisdicionais, mas também a necessidade de existência de mecanismos que garantam a efetiva proteção do interesse supostamente lesado ou ameaçado.

O princípio da inafastabilidade da jurisdição assegura, portanto, o acesso a uma decisão justa, evitando, assim, que a apreciação jurisdicional seja despida de conteúdo valorativo[267].

A necessidade de que a prestação da tutela jurisdicional seja justa é ainda maior no Estado Social contemporâneo, que considera imprescindível que o conceito de justiça seja dotado de substância e efetividade[268], possibilitando o acesso integral à proteção ofertada pelo sistema jurídico.

Em especial, a aplicação dos direitos e garantias previstos na esfera jurídica ganha força em razão de o texto constitucional refletir também o dirigismo e o compromisso do Estado com a efetiva observância da normatividade prevista, que não pode ficar relegada apenas ao papel, como se bastasse apenas a sua existência formal.

---

[266] José Afonso da Silva, *Comentário contextual à Constituição*, p. 131.
[267] *Comentário contextual à Constituição*, p. 132.
[268] Cândido Rangel Dinamarco, *A instrumentalidade do processo*, p. 35.

O princípio da inafastabilidade da jurisdição encontra fundamento também na proibição de autodefesa imposta pelo Estado para garantir a pacificação social, que, em contrapartida, gerou para o Estado a obrigação de oferecer outro mecanismo para a solução das contendas, que é representado pelo processo, um meio racional para a resolução do conflito.

Apenas em hipóteses taxativamente previstas o Estado possibilita a utilização da autodefesa ou autotutela, permitindo que as pessoas possam fazer valer diretamente a sua pretensão, repelindo as agressões com a força ou simplesmente fazendo justiça com as próprias mãos[269].

No entanto, a autodefesa ou autotutela somente é aceita em situações excepcionais, quando não é possível que o Estado possa proteger o direito lesado ou ameaçado, uma vez que a justiça pelas próprias mãos causa desordem e produz excessos que não podem ser admitidos num Estado de Direito.

É importante lembrar, inclusive, que o Código Penal brasileiro veda a realização direta de uma prestação com a utilização da força, mesmo que seja considerada legítima, ao dispor sobre o exercício arbitrário das próprias razões.

O princípio da inafastabilidade da jurisdição também guarda relação com o caráter público da jurisdição, tendo ligação histórica direta com o fortalecimento do poder do Estado romano, que o levou a assumir de forma plena o exercício da atividade jurisdicional.

Há ainda ligação direta entre o princípio da inafastabilidade da jurisdição e o princípio da ação ou da demanda, já que para resguardar a imparcialidade dos juízes é fundamental prever que somente se forem acionados pelos interessados é que prestarão a tutela jurisdicional.

Em suma, ao assumir o monopólio da atividade jurisdicional o Estado se comprometeu a oferecer aos interessados mecanismos adequados de tutela. Desse modo, o princípio da inafastabilidade da jurisdição não representa apenas uma garantia formal, como se cumprisse ao Estado apenas o afastamento dos fatores que pudessem impedir ou obstaculizar a propositura da deman-

---

[269] Paulo de Freitas, *Direito processual subjetivo*, p. 93.

da[270], mas sim a prestação adequada, justa e tempestiva da tutela jurisdicional.

Sentido da inafastabilidade da jurisdição

Ao consistir em vedação à utilização da autotutela e, da mesma forma, impor restrições à autocomposição, o princípio da inafastabilidade da jurisdição assegura o acesso a mecanismos efetivos de tutela, garantindo, desta forma, a instrumentalidade processual.

Em última análise, o princípio da inafastabilidade da jurisdição está relacionado ao direito à obtenção de uma tutela efetiva, uma vez que é inadmissível imaginar que as ações estatais possam se pautar pela ineficiência, notadamente quando estão direcionadas à proteção de direitos fundamentais.

A efetividade guarda relação assim com o real, com o esperado, com o desejado, com o apropriado, afastando-se, assim, as normas processuais do âmbito puramente verbal ou ideal[271], que, abandonando a realidade, fica restrito à esfera meramente conceitual.

Por sinal, quando o Estado proibiu a atuação direta dos envolvidos no conflito assumiu o compromisso lógico de oferecer um instrumento que possibilitasse a obtenção dos mesmos resultados anteriormente alcançados, o que demonstra que a tutela jurisdicional deve levar em consideração a situação concretamente analisada, tal como faziam os pretores romanos ao partir da análise do direito alegado para a estruturação da tutela, mesmo que para tanto tivessem que se afastar dos modelos abstratos previstos pelo legislador.

A tutela ofertada pelo Estado deve ser equivalente à que seria alcançada pela ação direta dos envolvidos. No caso, como a utilização da força ou da astúcia, meios de autotutela ou autodefesa, se dirigiam primordialmente à tutela específica, o mesmo deve ocorrer quando se trata do uso do processo.

A propósito, o sistema processual brasileiro acolhe atualmente o entendimento de que a ordem preferencial a ser observada

---

[270] Marcia Zollinger, *Proteção processual dos direitos fundamentais*, p. 122.
[271] Andres de La Oliva Santos, *Sobre el derecho a la tutela jurisdicional*: ..., p. 135.

na admissão e concessão da tutela jurisdicional é a seguinte: tutela específica, pelo equivalente e ressarcitória.

O modelo seguido apresenta uma estrutura semelhante à adotada pelos pretores romanos ao fazer valer o seu poder de império, ressaltando a busca da tutela específica em se tratando de obrigações de dar, de fazer e de não fazer, além de consagrar a tutela inibitória, que também é uma modalidade de tutela específica, uma vez que procura afastar a ocorrência do ato ilícito e, consequentemente, de um eventual dano que possa futuramente ocorrer.

Ademais, como a atuação privada propiciava a efetiva realização do direito material através do afastamento da situação de lesão ou de ameaça, igual postura deve ser adotada pelo Estado, o que, sem dúvida, era observado pelos pretores romanos, que tinham como referencial para a sua atuação a tutela específica das obrigações de dar, de fazer e de não fazer, modelo recentemente implantado no sistema processual brasileiro.

É errado, portanto, limitar a função jurisdicional ao mero reconhecimento dos direitos por meio de uma sentença, pois o objetivo final deve ser a satisfação efetiva e integral da pretensão, como ocorreria se o Estado não tivesse vedado a autorrealização dos direitos[272].

Da mesma forma, a efetividade da tutela jurisdicional passa obrigatoriamente pela análise do caso concreto e das circunstâncias que o cercam, sobretudo para evitar que o formalismo processual existente, abstratamente previsto, possa tornar o processo injusto ou conduzi-lo a um resultado injusto[273]. Por falar nisso, a análise do caso concreto é um dos fatores que caracterizavam a participação pretoriana na tutela das diferentes situações que lhe eram submetidas.

O problema principal que cerca a efetiva aferição do caso concreto em um Estado de Direito é que os resultados obtidos devem ser extraídos do próprio ordenamento jurídico e devem ser observados os direitos e garantias que beneficiam o autor e o réu, possibilitando a presença de mecanismos de controle sobre o resultado final da interpretação e da aplicação do direito.

[272] Ovídio Araújo Baptista da Silva, *Curso de processo civil: ...*, Vol. 1, p. 86.
[273] Sérgio Luís Wetzel de Mattos, *Devido processo legal e proteção de direitos*, p. 135.

No Estado brasileiro, o manejo de ferramentas colocadas à disposição pelo próprio ordenamento jurídico no campo processual é facilitado pela abertura propiciada pelos princípios existentes, embora a tarefa não seja simples, pois em muitos casos é necessário deixar de lado as regras existentes ou fazer os ajustes exigidos pelo caso concreto.

Há, porém, hipóteses em que são previstas expressamente as situações em que o procedimento poderá ser adaptado à relação jurídica material concretamente apreciada e aos valores fundamentais da ordem jurídica[274]. Neste caso, busca-se a conciliação entre a segurança jurídica e a justiça através da ampliação do enfoque conferido ao fenômeno normativo, notadamente pela possibilidade de compatibilização entre as normas jurídicas e a realidade. É o que ocorre, por exemplo, quando o Código de Processo Civil possibilita o julgamento antecipado do mérito quando não houver necessidade de produção de prova em audiência.

No entanto, a abertura poderia ser maior, possibilitando o desprezo ou adaptação das normas aparentemente voltadas para a disciplina da matéria em exame.

Em especial, a inafastabilidade da jurisdição envolve a utilização de meios adequados de tutela, já que pressupõe a presença da tempestividade e a manifestação da justiça na declaração, proteção e realização dos direitos.

Os interditos, por sinal, consistem num exemplo interessantíssimo a respeito do assunto, uma vez que, com base na equidade ou justiça do caso concreto, eram estabelecidos os meios que deveriam ser utilizados para tutelar de forma expedita e adequada as diferentes situações submetidas ao crivo do pretor quando ele considerava que a proteção jurídica existente era inadequada, insuficiente ou incompatível com os valores supremos da ordem jurídica romana e com os interesses sociais, sendo que a primeira situação era representada, sobretudo, pela ofensa aos princípios gerais do direito.

Por falar nisso, a adequação continua a ser o principal meio para a obtenção da rapidez e da justiça. A diferença notada atualmente é que se encontra sistematizada teoricamente dentro da ideia de proporcionalidade, racionalidade e devido processo legal.

---

[274] Marcia Zollinger, *Proteção processual dos direitos fundamentais*, p. 168.

Em todo caso, a adequação não deixou de representar a necessidade de que os meios utilizados para o alcance de determinado objetivo sejam realmente aptos ao alcance do fim colimado. Aliás, seguindo o modelo romano, é modernamente aduzido também que o Poder Judiciário deve aferir a adequação do meio existente e, caso não seja apto para a obtenção do resultado pretendido, que seja afastado e substituído por outro[275].

Com o acolhimento do entendimento de que o acesso à tutela adequada corresponde a um direito, o interessado pode exigir do Estado que pratique todos os atos necessários para a satisfação de sua pretensão[276].

No aspecto processual, a adequação, como decorrência natural do princípio da inafastabilidade da jurisdição, interfere diretamente no direito de ação, que deve possibilitar o acesso a mecanismos adequados de tutela. Desse modo, é imperioso reconhecer que não é qualquer atividade processual que atenderá ao texto constitucional, sendo imprescindível que exista congruência ou adequação entre a demanda e os meios utilizados para a sua análise e solução[277].

Por outro lado, como a adequação está também relacionada ao princípio da negação do arbítrio, por força do fato de que a racionalidade é inerente à atuação estatal, impõe a prevalência do racional, do possível, da justa medida, do adequado[278].

Tão relevantes são as projeções do princípio da inafastabilidade da jurisdição que a proteção oferecida pela ordem jurídica não pode se limitar ao plano processual, já que em nenhum momento o legislador constituinte almejou que a inafastabilidade representasse a mera admissão incondicional e abstrata de qualquer tutela. Ao contrário, o seu intento era garantir também que os direitos fossem efetivamente protegidos, resguardando de forma efetiva as diferentes situações de direito material, de preferência através do uso de meios de tutela específica.

É por isso que a tutela decorrente do princípio da inafastabilidade não pode equivaler simplesmente à declaração do direito, através da obtenção de uma sentença, uma vez que deve tam-

---

[275] George Marmelstein, *Curso de direitos fundamentais*, p. 378.
[276] Paulo de Freitas, *Direito processual subjetivo*, p. 95.
[277] Andres de La Oliva Santos, *Sobre el derecho a la tutela jurisdicional*: ..., p. 61.
[278] Sérgio Sérvulo da Cunha, *Princípios constitucionais*, pp. 75-76.

bém oferecer meios para uma tutela concreta e efetiva, que produza de fato efeitos na realidade[279].

A inafastabilidade da jurisdição se projeta também em relação a todas as atividades que se ligam à prestação da tutela jurisdicional, abrangendo, desse modo, o conhecimento, a execução e a atividade cautelar que, em conjunto, devem apresentar meios adequados de tutela, independentemente do fato de estas atividades estarem unidas ou separadas em diferentes relações processuais.

A falta de adequação dos mecanismos de tutela previstos no ordenamento jurídico é que levou à quebra do dogma de que a atividade processual de conhecimento deve se amparar em um procedimento ordinário de cognição plena, utilizado como mecanismo padrão de tutela, embora pudesse ser inadequado ao caso concreto por não observar as suas peculiaridades[280].

Diante do risco da falta de efetividade da tutela jurisdicional, uma atenção especial deve ser devotada aos provimentos e meios executivos que propiciem a efetiva tutela do direito material, mesmo que em caráter provisório, afastando o uso exclusivo da cognição plena, fundada na busca da certeza, que faz com que as decisões judiciais somente produzam efeitos após terem transitado em julgado[281]. Desse modo, a utilização de juízos de mera probabilidade passa a ser uma decorrência lógica do princípio da inafastabilidade da jurisdição, tendo em vista que em muitos casos uma cognição mais profunda e ampla pode levar à perda do objeto do processo ou tornar a sentença proferida incapaz de tutelar o direito lesado ou ameaçado[282].

O correto seria que o Estado prestasse a tutela jurisdicional garantindo às partes a maior segurança possível e este aspecto se refletisse no âmbito processual com a presença da cognição plena, por permitir o amplo debate do conflito e assim oferecer ao juiz elementos mais sólidos para a solução do conflito.

No entanto, a necessidade de segurança que decorre da cognição plena não pode representar o desprezo a outras garan-

---

[279] Ada Pellegrini Grinover, *As garantias constitucionais do direito de ação*, p. 99.
[280] Marcia Zollinger, *Proteção processual dos direitos*, p. 123.
[281] José Frederico Marques, *Instituições de direito processual civil*, Vol. IV, p. 318.
[282] José Eduardo Carreira Alvim, *Tutela antecipada*, p. 51.

tias, como é o caso do direito à tempestividade da jurisdição. Por isso, o Estado deve utilizar também mecanismos de cognição sumária, que se sustentam em juízos de mera probabilidade[283]. Desse modo, é inadmissível que o Estado use apenas os meios de *tutela jurisdicional comum*, presentes no procedimento comum[284].

Em outras palavras, a adequação passa também pela adoção da sumariedade formal, a fim de que possa ser combatida a morosidade processual e a falta de efetividade que podem decorrer do procedimento comum.[285]

É digno também de realce o fato de que o direito à efetividade da tutela jurisdicional diz respeito a todos os direitos, não obstante possa ter uma magnitude maior em se tratando de direitos fundamentais, como temos constantemente realçado, já que é inadmissível imaginar que a jurisdição, que ostenta a qualidade de um direito fundamental, só opere em caráter pleno quando a situação conflituosa diz respeito aos direitos fundamentais, como se as outras situações não fossem também importantes e estivessem alheias à proteção constitucional.

Outra consequência importante que decorre do princípio da inafastabilidade da jurisdição é o surgimento de situações em que a conduta do juiz é vinculada, a fim de assegurar a efetividade da tutela jurisdicional. É o que ocorre em se tratando do julgamento antecipado do mérito, quando presentes as hipóteses previstas em lei, e da determinação das medidas necessárias para a efetivação da tutela específica ou para a obtenção de um resultado prático equivalente.

Todas as vezes que uma determinada providência puder ser tomada de ofício pelo juiz, ou mediante requerimento, e interferir diretamente na efetividade da tutela jurisdicional, deixa de existir discricionariedade, uma vez que a vontade do magistrado não pode prevalecer sobre os desígnios constitucionais.

Merece especial atenção também o manejo adequado das diferentes técnicas cognitivas que podem ser empregadas na solução do conflito a partir dos planos horizontal (extensão da cognição: plena ou limitada) e vertical (profundidade da cognição: sumária ou exauriente).

---

[283] José Eduardo Carreira Alvim, *Tutela antecipada*, p. 20.
[284] Júlio Ricardo de Paula Amaral, *Tutela antecipada*, p. 43.
[285] Júlio Ricardo de Paula Amaral, *Tutela antecipada*, p. 79.

Em particular, deve ser ressaltada a cognição fundada na sumariedade material, decorrente da restrição cognitiva no plano horizontal (cognição limitada), vertical (cognição sumária) ou em ambos (cognição limitada e sumária), cujas bases podem ser encontradas na proteção interdital romana, que se contrapunha à cognição plena prevista pelo Direito civil romano.

Ainda quanto à cognição desenvolvida durante o procedimento, julgamos oportuno mencionar a classificação abaixo, por expor de maneira bem simples e didática alguns modelos adotados em nosso ordenamento jurídico[286]:

a) *cognição plena e exauriente*: possibilita que todos os aspectos que envolvem o litígio sejam debatidos de maneira profunda. É a regra no sistema processual brasileiro, estando presente no procedimento comum.

b) *cognição limitada e exauriente*: por restringir o âmbito da discussão, limita os debates das partes, embora não exista restrição quanto à profundidade em que as questões levantadas podem ser debatidas. É observada, por exemplo, nas ações de desapropriação.

c) *cognição plena e exauriente "secundum eventum probationis"*: não há limites quanto ao desenvolvimento da cognição; no entanto, a cognição somente pode se fundar em um determinado tipo de prova. É o que ocorre em se tratando do mandado de segurança, que ostenta a qualidade de uma ação documental pura.

d) *cognição eventual, plena ou limitada e exauriente*: os limites da cognição são fixados pelo demandado. É o que ocorre em se tratando de ação de prestação de contas, em que o réu pode contestar ou não a pretensão formulada e, além disso, será o responsável pela fixação dos termos da discussão.

e) *cognição sumária ou superficial*: ocorre em situações de evidência e de urgência relacionadas, respectivamente, à antecipação de tutela e à providência cautelar.

f) *cognição rarefeita*: está relacionada à atividade executiva, em que a necessidade de cognição pode deixar de se manifestar, uma vez que fica condicionada à iniciativa do executado.

[286] Kazuo Watanabe, *Da cognição no processo civil*, pp. 115-121.

Através da utilização de diferentes técnicas cognitivas procura-se fazer com que o desenvolvimento processual esteja em consonância com a natureza do direito em discussão ou com a peculiaridade da pretensão objeto da tutela[287]. Portanto, longe de ser uma opção do legislador, do intérprete ou do aplicador do direito, a cognição adequada é uma das garantias que decorrem do devido processo legal.

Ao contrário, a existência de mecanismos diferenciados de tutela que levem em consideração as especificidades do caso concreto é uma imposição feita ao legislador pelo texto constitucional e não uma mera opção legislativa.

A cognição faz parte da própria estrutura lógica de desenvolvimento do processo, expressa no seu caráter dialético. Realmente, como o processo representa um meio racional de solução de conflitos, é imprescindível que o juiz possa conhecer de maneira adequada do conflito.

Em face do texto constitucional, uma cognição adequada é importante em virtude de propiciar a realização plena dos seus objetivos, valores e princípios. Para tanto, é fundamental que os procedimentos previstos atendam às exigências impostas pelo direito material, especialmente no que concerne à sua natureza, à urgência da tutela e à definitividade da solução[288].

A adequação requer também a utilização correta da técnica processual, aqui definida como o conhecimento, a interpretação e a aplicação apropriada dos meios oferecidos pelas normas jurídicas para o desenvolvimento da relação jurídica processual[289].

É necessário, porém, que a efetividade e a segurança jurídica sejam conciliadas também na operacionalização do princípio da inafastabilidade da jurisdição. É o que ocorre quando se prevê que a antecipação de tutela não será concedida quando for impossível reverter o provimento antecipado[290]. No entanto, em algumas hipóteses um dos interesses deverá ser sacrificado em detrimento de outro, sendo necessário, no caso, que seja feita a ponderação, para que seja identificado o interesse realmente superior.

---

[287] Kazuo Watanabe, *Da cognição no processo civil*, p. 40.
[288] Kazuo Watanabe, *Da cognição no processo civil*, p. 143.
[289] Ricardo Rodrigues Gama, *Efetividade no processo civil*, p. 34.
[290] Ricardo Rodrigues Gama, *Efetividade no processo civil*, p. 33.

Duração razoável do processo

A duração razoável do processo também se situa no contexto do devido processo legal e integra o rol de garantias que decorrem da adoção do princípio da inafastabilidade da tutela jurisdicional pelo ordenamento jurídico. No entanto, essa garantia ganhou novos contornos com o advento da Emenda Constitucional nº 45, de dezembro de 2004, que incluiu na relação dos direitos e garantias fundamentais do artigo 5º da Constituição Federal mais um inciso, o LXXVIII, estabelecendo que "a todos, no âmbito judicial e administrativo, são assegurados a razoável duração do processo e os meios que garantam a celeridade de sua tramitação".

No texto que positivou expressamente a garantia foi realizada a junção entre, de um lado, a razoável duração do processo e, do outro, a utilização de meios que garantam a celeridade de sua tramitação, o que demonstra que também para o legislador constituinte a adequação dos meios é um dos principais caminhos para a obtenção da celeridade processual.

A duração razoável do processo não pode apenas se manifestar no aspecto quantitativo, uma vez que está inserida no bojo do devido processo legal, que não ostenta unicamente caráter formal. De qualquer forma, é notório que o objetivo almejado com a modificação constitucional foi o combate à demora na solução dos conflitos, entendimento expresso na afirmação de que os processos devem ter uma duração razoável. Sendo assim, para verificar se a garantia está sendo efetivamente observada é imprescindível utilizar como parâmetro o princípio da razoabilidade e levar em consideração o caso concreto, conciliando o fator quantitativo com o qualitativo.

A duração razoável do processo, nos termos em que foi prevista pelo legislador, representa o acolhimento de dois postulados aparentemente opostos: a segurança jurídica e a efetividade processual, já que o legislador considerou que é necessário um lapso temporal razoável para a tramitação do processo, a ser considerado para a aferição da efetividade da tutela jurisdicional[291]. Consequentemente, a Constituição impõe a conciliação entre a segurança e a celeridade, ressaltando, em especial, que a tutela juris-

[291] Rogério Lauria Tucci e José Rogério Cruz e Tucci, *Devido processo legal e tutela jurisdicional*, p. 101.

dicional não pode demandar um tempo superior ao efetivamente necessário[292].

A propósito, no ordenamento jurídico europeu construiu-se o entendimento de que o exame da duração razoável do processo passa, obrigatoriamente, pela aferição de três requisitos:

a) a complexidade do assunto;

b) o comportamento dos litigantes;

c) a atuação do órgão jurisdicional.

Os três fatores descritos refletem o entendimento de que os elementos da ação (partes, pedido e causa pedir) e a presença de um órgão jurisdicional - que doutrinariamente são classificados como pressupostos de existência do processo - correspondem aos requisitos essenciais para a análise do desempenho da atividade jurisdicional.

Em especial, a razoável duração do processo requer a correta utilização do direito processual. Em se tratando dos juízes, devem interpretar e aplicar o direito de acordo com a situação apresentada, mesmo que as soluções demandadas pelo caso concreto não tenham sido previstas expressamente pelo legislador, bastando, para tanto, que as suas determinações e decisões encontrem suporte no ordenamento jurídico, sobretudo no texto constitucional, e sejam motivadas.

A solução do conflito num tempo razoável é também uma exigência que se fundamenta no princípio do devido processo legal, já que o acesso à justiça representa uma garantia meramente formal quando não é acompanhada da efetividade processual, que inclui em seu bojo o fator temporal[293].

Há muito é reconhecido que a duração excessiva do processo conduz à denegação de justiça, já que somente pode ser considerada justa a atuação jurisdicional quando a tutela prestada ocorre num prazo razoável.

A preocupação com a celeridade processual fez com que no ordenamento jurídico brasileiro o legislador criasse ao longo do tempo mecanismos para combater a demora excessiva do processo.

---

[292] José Rogério Cruz e Tucci, *Tempo e processo*: ..., p. 63.
[293] Luiz Fux, *Tutela de segurança e tutela da evidência:* ..., p. 320.

Para evitar que a prestação jurisdicional fosse despida de efetividade em razão do tempo excessivo para a declaração, proteção e realização dos direitos, o legislador criou, em especial, mecanismos de aceleração do procedimento, de proteção provisória do direito alegado ou dos resultados finais da atividade jurisdicional e ampliou os poderes dos juízes.

O julgamento antecipado do mérito é um dos mecanismos de aceleração procedimental, a antecipação de tutela e as medidas cautelares são meios utilizados para proteger o direito alegado ou o desempenho da atividade jurisdicional e a determinação de que os juízes e tribunais do trabalho terão ampla liberdade na condução do processo é exemplo de ampliação dos poderes dos juízes.

Um dos mecanismos mais importantes para combater a demora excessiva e os eventuais prejuízos que possam decorrer do atraso na prestação da tutela jurisdicional é a antecipação dos efeitos da tutela, que, num juízo de cognição sumária, decide em caráter provisório sobre a pretensão formulada, afastando a situação de lesão ou ameaça decorrente da necessidade de um tempo mínimo para a análise e solução do conflito.

Num sentido amplo, a duração razoável do processo também passa por modificações no procedimento e na cognição, já que o procedimento comum e a cognição plena e exauriente podem colocar em risco a efetividade do processo. Desse modo, é temerário considerar que o prazo razoável é simplesmente o que decorre das previsões legais ou corresponde ao tempo médio observado no país para a solução de um mesmo tipo de conflito, postura defendida por alguns autores[294].

Ainda a respeito da duração razoável do processo, o art. 4º do Código de Processo Civil prevê que "as partes têm o direito de obter em prazo razoável a solução integral do mérito, incluída a atividade satisfativa" e a sua exposição de motivos aduz que a ausência de celeridade é também uma forma de injustiça, o que demonstra que a preocupação com o assunto é cada vez mais intensa.

---

[294] É o caso de Fabiana Marion Spengler (*Tempo, direito e constituição*: ..., p. 48).

Adequação e adaptabilidade do sistema processual

A efetivação do princípio da inafastabilidade da jurisdição está diretamente ligada à adequação e adaptabilidade do sistema processual, particularmente ao procedimento, conforme pôde ser verificado de forma genérica anteriormente.

Em especial, é importante recordar que a adequação e a adaptabilidade do sistema processual encontram fundamento na dimensão objetiva do direito fundamental à obtenção da tutela jurisdicional, que, além de garantir um dever genérico de proteção, reflete também a dimensão organizatória e procedimental, que, por sua vez, é regida pela projeção concreta e efetiva[295].

Para possibilitar a adaptação e a adaptabilidade do sistema processual é fundamental que o sistema processual opere com mecanismos típicos e atípicos de tutela, sendo a segunda hipótese representada pelas aberturas previstas expressamente pelo legislador e pela presença de valores e, sobretudo, princípios constitucionais que possibilitam a flexibilização e a construção de novos comandos para a efetiva proteção das diferentes situações que demandam tutela jurídica.

A adequação está relacionada ao legislador e ao aspecto estático, uma vez que consiste num princípio abstrato que direciona a atividade do legislador[296], enquanto que a adaptabilidade aos operadores jurídicos, especialmente ao juiz, e ao aspecto dinâmico, já que se refere à necessidade de que ocorra a reestruturação ou construção de novos procedimentos para que sejam atendidas as necessidades de tutela do direito material. Num sentido amplo, a adequação e a adaptabilidade possuem o mesmo sentido, traduzindo a utilização de meios adequados para a tutela efetiva do direito material.

Para que a adequação esteja presente é preciso que o legislador infraconstitucional traga para o plano processual as garantias de natureza processual ou mesmo que seja feita a adaptação pelos operadores jurídicos dos modelos existentes, quebrando a tipicidade dos meios de tutela, inclusive deixando-os de lado quando for manifesta a sua inadequação em relação às previsões constitucionais.

---

[295] Marcia Zollinger, *Proteção processual dos direitos fundamentais*, pp. 45-46.
[296] Guilherme Botelho, *Direito ao processo qualificado*: ..., p. 156.

A diferença entre a adequação e a adaptabilidade reside no fato de que a primeira impõe ao legislador a construção de procedimentos que sejam aptos para a adequada tutela das situações de lesão ou ameaça a direito, enquanto que a adaptabilidade, ou elasticidade processual, atinge o juiz, que deve fazer as correções necessárias nos procedimentos inadequados ou de reduzida utilidade[297].

Embora ligadas ao princípio da inafastabilidade da jurisdição, a adequação encontra suporte mais próximo no princípio do devido processo legal em sentido formal e a adequabilidade no devido processo legal em sentido substancial.

A adequação e a adaptabilidade dos procedimentos são fundamentais para garantir a efetividade da tutela jurisdicional, aspecto que assume uma importância ainda maior em se tratando de direitos fundamentais. Todavia, a adequação é de mais fácil observância por decorrer de expressa previsão legislativa, enquanto que a adaptabilidade requer uma participação mais incisiva do juiz e, consequentemente, apresenta mais riscos para a ordem jurídica, pois, embora esteja juridicamente relacionada à utilização de fontes normativas, amplia o campo de atuação judicial e, consequentemente, pode conduzir à violação do princípio da separação de poderes caso ultrapasse os limites impostos pela ordem jurídica.

Historicamente, a adaptabilidade era comumente utilizada pelo pretor romano quando da expedição de interditos, que procuravam oferecer mecanismos de tutela em face de situações concretas, quebrando o entendimento de que as normas processuais só decorriam das regras existentes, mesmo que fossem manifestamente inadequadas. Sendo assim, os pretores afastaram o entendimento de que a atividade jurisdicional está condicionada integralmente às regras, mesmo que infrinjam os princípios supremos da ordem jurídica, atrapalhando ou eliminando a possibilidade de efetividade da tutela jurisdicional, a exemplo das interpretações desenvolvidas atualmente com o intento de possibilitar a concretização dos comandos constitucionais.

A propósito, é manifesta a contribuição pretoriana para o desenvolvimento do entendimento de que os princípios são dotados

---

[297] Fernando da Fonseca Gajardoni, *Flexibilização procedimental*: ..., pp. 134-135.

de normatividade e que os interesses sociais devem ser corretamente protegidos quando estão compreendidos na esfera jurídica, mesmo que seja necessário elaborar formas diferenciadas de tutela para atender às necessidades que concretamente se apresentam, alterando o procedimento e, consequentemente, a forma de desenvolvimento da atividade cognitiva, executiva ou cautelar.

Todavia, o abuso no exercício do poder foi um dos fatores que contribuíram de maneira mais profunda para que os pretores tivessem o seu poder reduzido. Desse modo, é fundamental que a adaptabilidade seja utilizada com bastante temperamento e que seus fundamentos se coloquem de forma clara em consonância com o texto constitucional, garantindo a sua máxima efetividade, o que somente poderá ser constatado se houver uma motivação adequada amparando a decisão proferida.

Entretanto, mesmo o risco de um eventual abuso não pode servir como empecilho para a adaptabilidade, uma vez que o juiz não pode deixar de prestar a tutela jurisdicional de forma efetiva sob a alegação de que inexistem no sistema processual mecanismos adequados.

Realmente, é inadmissível imaginar que o juiz se curve à inadequação da legislação e deixe de colocar à disposição dos interessados mecanismos que sirvam para garantir a efetividade da jurisdição, sobretudo quando se analisa o extenso rol de direitos e de garantias de natureza constitucional presentes no ordenamento jurídico pátrio.

O conformismo dos juízes, assim como dos demais operadores jurídicos, faz com que o texto constitucional deixe de ser o fundamento de validade da ordem jurídica, com a completa inversão de valores, já que as leis infraconstitucionais passam a condicionar o texto constitucional.

Entretanto, é importante lembrar que o artigo 1º do Código de Processo Civil prevê que "o processo civil será ordenado, disciplinado e interpretado conforme os valores e as normas fundamentais estabelecidos na Constituição da República Federativa do Brasil, observando-se as disposições deste Código".

A exortação feita pelo código é importante para reafirmar a necessidade de que as normas processuais estejam em consonância com o texto constitucional e que os seus valores e princípios sirvam como suporte para o exercício pleno e efetivo da atividade jurisdicional.

Interditos e Efetividade da Jurisdição

Interditos e efetividade da tutela jurisdicional

Quando trabalhamos de forma específica com os interditos, mencionamos as suas principais contribuições para a efetividade da jurisdição. Na sequência, procuramos conciliar o poder interdital com o Estado de Direito, inclusive com a análise das principais garantias constitucionais em matéria processual.

No trabalho desenvolvido, procuramos apontar especialmente as garantias que decorrem do princípio do devido processo legal e quais os seus reflexos quanto à ampliação dos poderes dos juízes, aspecto central da tutela interdital.

Dentro do rol de questões a serem ainda analisadas, focaremos nesta oportunidade em apenas duas questões ligadas à atuação pretoriana e, da mesma forma, às discussões atuais a respeito da efetividade da tutela jurisdicional.

A primeira questão é representada pela utilização de conceitos indeterminados, cláusulas gerais e princípios, que permitem que os juízes possam adaptar as normas jurídicas ao caso concreto. A segunda questão diz respeito à possibilidade de os juízes alterarem os procedimentos existentes, ouvidas as partes e assegurado o contraditório, ou mesmo unilateralmente, quando for constatado que são manifestamente inadequados para o caso concreto.

Esses dois temas guardam relação direta com a atuação pretoriana em virtude do fato de que eram os dois principais mecanismos de manifestação do poder de império dos pretores, embora no Direito romano os contornos dos dois institutos fossem diferentes, pois, embora os pretores utilizassem como suporte para a expedição de interditos também fontes dotadas de abertura linguística, principalmente os princípios gerais de direito e a equidade, o seu âmbito de liberdade era indiscutivelmente maior, já que em Roma não estavam presentes os mecanismos que atualmente vigoram para evitar o exercício abusivo do poder. Além disso, a presença de um rol menor e mais genérico de princípios aumentava a liberdade de conformação dos pretores. Se não bastasse o exposto, o império, fonte do poder interdital dos pretores, exteriorizava a soberania ou supremacia do Estado romano, que nos dias atuais é, pelo menos formalmente, exercida diretamente pelo povo ou indiretamente por seus representantes eleitos e, o que é mais relevante, encontra limites jurídicos.

Na realidade, somente com o passar do tempo, por força dos abusos cometidos no exercício do poder de império, é que surgiram meios mais efetivos para o controle da atuação pretoriana. Sendo assim, não é possível realizar o transporte das instituições romanas para os dias atuais sem as devidas adaptações, impostas pela maior maturidade das instituições existentes[298].

De qualquer forma, há um ponto comum entre o Direito romano e o atual, diretamente relacionado à efetividade da jurisdição, e que, por isso, servirá como fundamento para os estudos que serão realizados na sequência.

O elemento comum entre os dois sistemas jurídicos é a compreensão de que a efetividade da tutela jurisdicional passa, em caráter obrigatório, pela ampliação dos poderes dos juízes, tendo em vista que somente desta forma é possível levar em consideração as diferentes situações que possam demandar a proteção estatal.

É preciso, portanto, que os juízes se valham efetivamente da sua liberdade de conformação das normas jurídicas em face das situações concretas, notadamente das que possuem natureza processual, pois é impossível que o legislador consiga estabelecer, de maneira prévia e abstrata, soluções adequadas para todos os problemas jurídicos que possam se apresentar.

Em razão do exposto, continuaremos a abordar a necessidade de ampliação dos poderes dos juízes, a exemplo do ordenamento jurídico romano, para reforçar o entendimento de que a efetividade da tutela jurisdicional requer uma participação mais incisiva dos juízes.

Tutela imediata de direitos e natureza pública da jurisdição

Ao procurar garantir a tutela imediata de direitos de ordem privada considerados essenciais também para a própria socieda-

[298] Carlos Alberto Alvaro de Oliveira, *Do formalismo no processo civil*, pp. 107-108.

de romana, os pretores contribuíram diretamente para a construção do entendimento de que os direitos fundamentais devem ser imediatamente observados, embora o enfoque se baseasse na compreensão da realidade e não em previsão normativa, e para conferir à jurisdição caráter público, por ter como embasamento a proteção de interesses que são importantes também para o Estado e para a sociedade.

O retorno a esse tema, que já havia sido visto anteriormente, decorre da necessidade, neste momento, de lhe atribuir foros constitucionais, já que a Constituição brasileira prevê expressamente que há direitos fundamentais e que são de observância imediata. Desse modo, a tutela de direitos estará agora focada no texto constitucional, já que, como afirmamos em outra ocasião, todos os direitos devem ser protegidos; no entanto, é preciso reconhecer que essa preocupação deve ser maior em se tratando do reconhecimento, da proteção e da realização de direitos fundamentais.

Na verdade, quando a tutela jurisdicional se direciona para a proteção dos direitos fundamentais há *dupla fundamentalidade*, uma vez que a jurisdição em si é um direito fundamental e o direito a ser protegido também ostenta essa qualidade, reforçando a necessidade de efetividade processual.

Garantir a efetividade dos direitos fundamentais, dentre os quais a tutela jurisdicional, é uma obrigação que se impõe a todo o Estado e, consequentemente, a todos os seus órgãos, independentemente da esfera de poder. Desse modo, a obrigação de efetivar de plano os direitos fundamentais abrange todas as relações jurídicas em que estejam presentes, sejam elas de natureza pública ou privada.

Essa imposição de efetivação imediata dos direitos fundamentais faz com que o legislador seja obrigado a elaborar normas jurídicas adequadas às situações concretas e, da mesma forma, impõe que sejam corretamente interpretadas e aplicadas pelos órgãos jurisdicionais, legislativos e administrativos, a fim de que possam ser efetivas. Por sinal, é a observância do plano da eficácia que garante a concretização dos direitos fundamentais, que, por sua vez, deve ocorrer através das normas de direito material e, se for o caso, também por meio das normas processuais[299].

Na realidade, todo o ordenamento jurídico deve trabalhar em conjunto para garantir que os direitos e garantias existentes em seu bojo não fiquem restritos aos planos da existência e da validade.

No que diz respeito aos juízes e demais operadores jurídicos, devem suprir as omissões ou inadequações presentes no seio do ordenamento jurídico, corrigindo as falhas através dos instrumentos normativos que lhe são fornecidos pelo próprio meio, como na hipótese de utilização de princípios, conceitos indeterminados e cláusulas gerais.

A plena efetividade do ordenamento jurídico requer, portanto, que sejam afastados os obstáculos que possam atingir ao plano da eficácia, mesmo que de maneira indireta, situação presentes nas hipóteses de omissão ou inadequação.

O afastamento das situações que impedem que a eficácia esteja presente no bojo do ordenamento jurídico, ou apenas em parte dele, é, assim, uma imposição lógica que decorre da própria essência das normas jurídicas. De fato, normatizar não significa apenas regrar, disciplinar, estabelecer, mas também observar, cumprir, atender, já que os comandos jurídicos não se caracterizam por exteriorizarem meras recomendações.

Há também o interesse do Estado e da sociedade de que a ordem jurídica existente seja observada para garantir um mínimo de segurança para o desenvolvimento das relações jurídicas, o que passa, necessariamente, pelo efetivo respeito aos direitos e garantias previstos pelo legislador. Sendo assim, jamais podem cessar as discussões que procuram atribuir à atividade jurisdicional uma maior efetividade, uma vez que o seu caráter instrumental a torna um meio de tutela de todo o ordenamento jurídico.

São esses os motivos que, em linhas gerais, nos levantaram a abordar a tutela interdital e examinar a sua compatibilidade com o ordenamento jurídico em vigor, tendo em vista que representou historicamente um grande avanço na tutela de direitos, não obstante as críticas que lhe foram direcionadas em virtude de se fundar em um poder absoluto: o *poder de império*.

---

[299] Konrad Hesse, *Temas fundamentais de direito constitucional*, p. 52.

Manifestação da tutela interdital na proteção de direitos

Tendo como paradigma o modelo romano de tutela interdital, citaremos algumas situações que estão vinculados à sua estrutura, embora a proteção ofertada no Direito romano tenha se manifestado em uma estrutura jurídica que se diferenciava profundamente da que atualmente vigora.

As situações que serão apresentadas inicialmente dizem respeito a hipóteses em que os juízes foram dotados de um poder semelhante ao poder de império do pretor romano por força de expressão previsão normativa.

O paralelo entre a atuação pretoriana e o modelo atual de exercício da atividade jurisdicional diz respeito ao fato de que os juízes brasileiros também estão sendo investidos expressamente do poder de expedir ordens e mandados direcionados a autoridades públicas, bem como a pessoas e entes privados, a partir de juízos sumários a respeito das situações de suposta lesão ou ameaça que lhes são apresentadas[300].

Essa situação, que dá origem à denominada interditalização da atividade jurisdicional, pode ser observada a partir de inúmeros exemplos, dentre os quais os que se referem à tutela provisória, à tutela específica das obrigações de fazer e de não fazer, à ação monitória e ao mandado de segurança. Há inclusive menção à existência de ações mandamentais.

A manifestação da tutela interdital no direito positivo recai especialmente sobre a cognição, tendo como ponto de referência a sua limitação através de juízos sumários, no intuito de aumentar a efetividade da tutela jurisdicional, comumente obstada com a observância das demandas plenárias, que tornam a atividade jurisdicional morosa e inadequada[301].

Os juízos sumários se baseiam no entendimento de que a jurisdição não pode ficar condicionada sempre a um exame profundo da questão debatida, sobretudo quando há probabilidade de que o direito exista e corra o risco de perecer.

[300] Carlos Alberto Alvaro de Oliveira, *Do formalismo no processo civil*, pp. 107-108.
[301] Ovídio Araújo Baptista da Silva, *Curso de processo civil: ...*, Vol. 1, p. 120.

Entretanto, as tutelas de cognição sumária, quando consideradas num sentido amplo, servem para assegurar o resultado útil do processo (tutela cautelar) e a satisfação provisória do direito em virtude de aparentemente existir (tutela antecipada).

Seguindo a essência do modelo pretoriano, a cognição sumária prevista na ordem jurídica brasileira faz com que as decisões proferidas em caráter incidental produzam imediatamente efeitos jurídicos, embora em caráter provisório, afastando o entendimento de que somente após um juízo de cognição plena e exauriente é possível que as decisões judiciais possam interferir na realidade.

As decisões fundadas em juízos de cognição sumária modificaram o entendimento de que não há execução sem título executivo (*nulla executio sine titulo*), que em se tratando de título executivo judicial correspondia, em regra, à sentença judicial que havia transitado em julgado, uma vez que foram acompanhadas da inserção de atos executivos e mandamentais que ampliaram o poder dos juízes e modificaram a estrutura da relação jurídica processual voltada ao conhecimento e solução do conflito[302].

A sumarização também interfere em outros aspectos do direito processual, como o exercício do contraditório, que nos procedimentos monitórios é invertido, já que estando a petição inicial devidamente instruída o juiz, de plano, deve deferir a expedição do mandado de pagamento ou de entrega da coisa no prazo de quinze dias, que corresponde a uma decisão liminar condenatória fundada num juízo de simples verossimilhança, que, porém, é suspensa caso o réu ofereça embargos.

Quando considerados de forma ampla, os mecanismos processuais que procuram ampliar a efetividade do processo compreendem os *procedimentos específicos* e as *tutelas sumárias não exaurientes*, que doutrinariamente são identificados como instrumentos de *tutela diferenciada*.

Os procedimentos específicos são construídos com base nas características peculiares de determinadas relações jurídicas materiais, a fim de que se possa solucionar o conflito de forma mais adequada. O seu âmbito de cognição não sofre alteração, mantendo a mesma estrutura do procedimento comum, já que se fundam também em cognição plena e exauriente.

---

[302] Rogério Aguiar Munhoz Soares, *Tutela jurisdicional diferenciada*: ..., p. 49.

A título de exemplo, Código de Processo Civil, em sua parte especial, prevê a existência dos procedimentos especiais de jurisdição contenciosa e voluntária, dispondo sobre temas como a prestação de contas, a consignação em pagamento, o inventário, a execução dos testamentos e a curatela dos interditos.

As tutelas sumárias não exaurientes estão representadas pelas hipóteses em que o âmbito cognitivo sofre restrição em sua extensão (plano horizontal) ou em sua profundidade (plano vertical).

Num sentido genérico, as contribuições à efetividade do processo relacionadas ao agir dos pretores estão vinculadas às obrigações de dar, de fazer ou de não fazer, áreas em que o nosso sistema processual mais avançou nas últimas décadas. Por sinal, é interessante notar que avançamos pouco em relação às prestações de dar na modalidade pagar, área em que a contribuição pretoriana na esfera da tutela interdital é tênue, praticamente inexistente, sendo relevante fazer menção à utilização do processo sincrético como mecanismo relevante para a ampliação da efetividade da tutela jurisdicional em se tratando de prestação que envolva o pagamento de uma quantia de dinheiro.

Em suma, os avanços notados ultimamente no ordenamento jurídico guardam forte relação com a proteção interdital e os campos em que não houve um avanço mais profundo também são semelhantes à moldura encontrada no Direito romano.

No entanto, o quadro descrito não encerra as possibilidades de utilização dos interditos como paradigma para o aumento da efetividade processual. Todavia, as outras hipóteses em que a atuação jurisdicional se assemelha à conduta dos pretores decorrem de uma interpretação e aplicação substancial das normas jurídicas existentes, situação que não se encontra consignada de forma expressa no ordenamento jurídico.

Em realidade, o modelo de tutela interdital pode ser extraído de inúmeros dispositivos do ordenamento jurídico, particularmente dos que versam sobre princípios. Neste caso a meta é obter subsídios que permitam que os juízes possam efetivar as normas jurídicas que, embora necessitem teoricamente de regulamentação, podem ser aplicadas de plano com base em outros comandos de natureza jurídica, assim como proceder às alterações ou inclusões que forem indispensáveis para que o sistema processual possa tutelar de forma adequada as diferentes situações de direito material.

A propósito, os juízes não podem ficar alheios às necessidades do direito material, já que a autonomia do direito processual em relação ao material não pode levar à neutralidade ou indiferença[303].

Por outro lado, a insuficiência ou inadequação da proteção normativa existente confere aos operadores jurídicos, sobretudo aos magistrados, o poder de redefinir as normas procedimentais para que possam efetivamente se compatibilizar com o texto constitucional.

É preciso, portanto, que os juízes deixem de lado os procedimentos inadequados, sobretudo quando decorrerem do modelo de segurança jurídica presente no procedimento ordinário, que, de um lado, amplia as possibilidades de alegações e defesas, e, do outro, provoca indesejável demora na prestação da tutela jurisdicional[304].

No entanto, a participação dos juízes na correção dos procedimentos deve ser realizada com muito cuidado para que não sejam violadas as garantias das partes, conduzam à arbitrariedade ou parcialidade do órgão judicial, surjam benefícios injustificados a uma das partes e seja quebrada sem qualquer justificativa a sequência lógica de desenvolvimento do processo, que prevê que cada ato processual deve ser praticado no seu devido tempo e lugar[305].

O modelo pretoriano de tutela dos direitos em caráter definitivo a partir da cognição sumária não é aceito no ordenamento jurídico brasileiro, já que o máximo que se admite é que a cognição sumária seja usada quando não conduz ao encerramento da relação jurídica processual, tendo caráter provisório, mesmo que tenha natureza antecipatória, ou não há posterior oposição do réu, como ocorre com a monitória, postura que decorre do fato de o princípio do contraditório e da ampla defesa ser considerado um princípio fundamental do processo, gerando obrigatoriamente a necessidade de contraditório pleno em toda e qualquer hipóte-

---

[303] Luiz Guilherme Marinoni, *Técnica processual e tutela dos direitos*, p. 55.
[304] Luiz Fux, *Tutela de segurança e tutela de evidência: ...*, p. 31.
[305] Carlos Alberto Alvaro de Oliveira, *Do formalismo no processo civil*, p. 7.

se[306], situação, porém, inaceitável quando impede a efetividade da tutela jurisdicional.

Ampliação do poder dos juízes

Os amplos poderes de que eram dotados os pretores em virtude de exercerem com ampla liberdade e profundidade uma parcela do poder do Estado, por atuarem em uma esfera que não era considerada inicialmente como ligada diretamente ao interesse público, permitiu que pudessem contribuir para a ampliação dos mecanismos de tutela e, consequentemente, para a efetividade da tutela jurisdicional.

Sob o aspecto jurídico, a situação romana era diferente da que se apresenta nos dias atuais, em que existem inúmeras limitações ao exercício da atividade jurisdicional em razão de estarmos sob a égide de um Estado Democrático de Direito e termos passamos por uma grande evolução no que diz respeito à forma de concepção dos diferentes institutos jurídicos.

No entanto, através da correta interpretação e aplicação do sistema jurídico há como ampliar a efetividade da tutela jurisdicional, afastando inúmeras barreiras que foram construídas ao longo do tempo de forma equivocada, tendo como referência unicamente o interesse do réu, supostamente protegido em caráter absoluto pelo princípio da segurança jurídica e pelo contraditório pleno.

O erro cometido na esfera processual, e que em alguns aspectos ainda vigora, se fundou no abandono da visão sistemática do ordenamento jurídico e na desconsideração da normatividade dos princípios.

Embora o problema tenha sido minorado em virtude das alterações efetuadas no sistema processual brasileiro nas últimas décadas, há ainda inúmeros óbices que precisam ser superados por meio de releitura do sentido e do alcance das normas jurídicas.

A propósito, são exemplos de situações que podem contribuir para o aumento da efetividade da tutela jurisdicional, a exemplo do modelo de tutela interdital observada em Roma:

---

[306] Willis Santiago Guerra Filho, *Processo constitucional e direitos fundamentais*, p. 41.

1. O fato de o direito processual ser dotado de autonomia em relação ao direito material não pode fazer com que os juízes se esqueçam da sua instrumentalidade, sobretudo da necessidade de que esteja em consonância com as particularidades do caso concreto.

2. O direito à jurisdição tempestiva, justa e adequada encontra suporte no texto constitucional, fazendo com que as normas processuais previstas pelo legislador infraconstitucional não possam limitá-lo ou prejudicá-lo, sobretudo quando se volta à efetivação de direitos fundamentais.

3. A fala de razoabilidade do procedimento existente pode levar o juiz a afastá-lo e estabelecer para o caso concreto o mais justo e adequado para a solução do conflito e a realização efetiva do direito.

4. A jurisdição não pode ser uma atividade meramente declaratória, restringindo o poder de os juízes aplicarem de maneira integral o ordenamento jurídico para garantir a efetividade da jurisdição.

5. Quando os juízes ficam vinculados a procedimentos padronizados, preestabelecidos pelo legislador, sob a assertiva de que é necessário evitar a discricionariedade judicial, garantir a liberdade e a supremacia da lei, outros valores que integram o ordenamento jurídico são desconsiderados, assim como os meios de controle da atuação judicial e o próprio direito material supostamente objeto de lesão ou ameaça que requer o uso adequado do sistema jurídico para ser corretamente protegido.

6. As regras jurídicas não podem ser o meio por excelência de exteriorização da justiça, independentemente de sua compatibilização com o caso concreto, vinculando de forma absoluta os juízes.

7. O devido processo legal não deve ser analisado unicamente sob a ótica formal, já que essa postura faz com que a valoração dos comandos processuais fique imune aos operadores jurídicos, particularmente aos juízes, por ficarem receosos de que seja reconhecida posteriormente a ofensa ao devido processo legal, com a anulação dos atos processuais e o seu retorno para o órgão jurisdicional de origem.

8. As condições impostas para o desenvolvimento do processo não podem representar um obstáculo para a prestação efetiva, adequada e tempestiva da tutela jurisdicional.

9. A flexibilização do procedimento é imposta pela necessidade de adequada tutela do direito material e não pelo fato de existir expressa previsão legal. O devido processo legal em sentido material justifica as modificações solicitadas pelo caso concreto quando as soluções apresentadas pelo ordenamento jurídico são manifestamente inadequadas.

10. O fato de a jurisdição ter como uma de suas finalidades a atuação do direito não deve levar os juízes somente à observância acrítica e avalorativa dos comandos gerais e abstratos fixados previamente pelo legislador. Ao contrário, os juízes também podem extrair comandos jurídicos do seio da ordem jurídica quando a previsão legislativa expressamente direcionada à disciplina do caso em análise é inadequada, injusta ou insuficiente para garantir a correta aplicação do direito material e a efetividade da tutela jurisdicional.

11. O interesse público presente no processo não se relaciona somente com a segurança jurídica, expressa na rigidez do procedimento previsto, em suas diferentes etapas, como se a justiça, valor máximo do direito, decorresse naturalmente da observância do procedimento estabelecido pelo legislador.

12. Embora seja importante combater a arbitrariedade dos juízes e um dos mecanismos que podem ser utilizados com este escopo consista na observância obrigatória da lei, possibilitando a certeza, a previsibilidade, a ordem e a segurança, é preciso que a legalidade esteja acompanhada da legitimidade, que, por sua vez, decorre também da efetividade dos mecanismos existentes. Mesmo quando a proteção estatal diz respeito a direitos fundamentais é possível que sejam restringidos para possibilitar a tutela dos interesses de outrem e atender às exigências da moral, da ordem pública e o bem-estar de uma sociedade democrática, como é apregoado pelo art. 29.2 da Declaração Universal dos Direitos Humanos.

13. É preciso romper com o entendimento de que as soluções individualizadas ferem a soberania popular expressa na atividade legislativa e não podem se sobrepor ao modelo concei-

tual de ordem jurídica adotado, que prevê a criação de conceitos gerais e abstratos, que supostamente expressam a racionalidade normativa e a igualdade.

14. Deve ser afastada a visão de que é imprescindível a cognição exauriente para a produção de coisa julgada, pois essa postura impede que possa ser prevista a estabilização da tutela concedida liminarmente se não houver oposição do réu.

15. Os juízes não podem ficar condicionados às determinações jurídicas quando conduzam ao perecimento do direito material, como ocorre em se tratando das situações de inadequação procedimental.

16. O reconhecimento do caráter fundamental da jurisdição deve fazer com que os seus contornos deixem de ser definidos apenas pelo legislador infraconstitucional, como se coubesse aos juízes exercer apenas juízos negativos de constitucionalidade, mesmo que manifestamente equivocadas as previsões legislativas.

17. A tutela diferenciada, por possibilitar a efetiva consideração do caso concreto, é o melhor caminho para reforçar a relação entre processo e direito material, quebrando a ideia de autonomia da relação jurídica processual em relação à de natureza material quando coloque em risco a efetividade processual.

18. O conflito entre a tutela adequada e a observância da segurança jurídica deve ser solucionado através da ponderação de interesses, o que impõe o afastamento da visão estática a respeito das normas jurídicas, evitando, desta forma, que sejam consideradas absolutas mesmo quando traduzam situações de manifesta injustiça e inadequação.

19. A influência exacerbada do racionalismo no âmbito processual, ao sustentar que o processo visa à certeza, que, por sua vez, deve ser obtida após um amplo debate da causa em juízo, deve ser desconsiderada quando colocar em risco a efetividade da tutela jurisdicional, por força da padronização procedimental.

20. Fortalecer o poder de império dos juízes é fundamental para o aumento da efetividade da tutela jurisdicional. No entanto, é preciso que, em contrapartida, sejam utilizados os mecanismos de controle previstos pelo ordenamento jurídico, a fim de que não ocorram abusos e distorções incompatíveis com o Estado de Direito.

21. Embora tenhamos avançado no estabelecimento de diferentes formas de tutela dos direitos, abandonando a utilização padronizada da tutela ressarcitória, e, desta forma, ampliado os mecanismos que asseguram a tutela específica da obrigação, o que é corroborado também pela previsão de diferentes técnicas processuais, como a mandamental e a executiva *lato sensu*, é necessário reconhecer ainda a possibilidade de que os juízes construam em face de situações concretas mecanismos que assegurem a plena efetividade da tutela jurisdicional, a exemplo da postura dos pretores romanos ao exercerem a tutela interdital.

22. Embora o procedimento seja um instrumento para a legitimação do processo, não pode deixar de lado o seu caráter instrumental e a necessidade de que seja dotado de efetividade, já que a legitimidade da atuação dos órgãos jurisdicionais não pode decorrer unicamente da suposta racionalidade da atividade legislativa.

BIBLIOGRAFIA

AMARAL, Júlio Ricardo de Paula. **Tutela antecipatória**. São Paulo: Saraiva, 2001.

ARAGÓN REYES, Manuel. **El juiz ordinario entre legalidad y constitucionalidad**. Bogotá – Colombia: Instituto de estudios constitucionales Carlos Restrepo Piedra Hita, 1997.

AZEVEDO, Luiz Carlos de; COSTA, Moacyr Lobo da. **Estudos de história do processo: recursos**. Osasco: FIEO; São Paulo: Joen Editora Ltda, 1996.

BASTOS, Celso Ribeiro. **Hermenêutica e interpretação constitucional**. 3ª ed. rev. e ampl., São Paulo: Celso Bastos Editora, 2002.

BISCARDI, Arnaldo. **La protezione interdittale nel processo romano**. Padova: CEDAM, 1938.

BONFANTE, Pietro. **História do direito romano**. Volumen I. Trad. Jose Santa Cruz Teijeiro. Madrid: Editorial Revista de Derecho Privado, 1944.

BORGES, José Souto Maior. **O contraditório no processo judicial: uma visão dialética**. São Paulo: Malheiros Editores, 1996.

BOTELHO, Guilherme. **Direito ao processo qualificado: o processo civil na perspectiva do estado constitucional**. Porto Alegre: Livraria do Advogado Editora, 2010.

BRASIL, Deilton Ribeiro. **Tutela específica das obrigações de fazer ou de não fazer**. Belo Horizonte: Del Rey, 2003.

BRASIL JÚNIOR, Samuel Vieira. **Justiça, direito e processo: a argumentação e o direito processual de resultados justos**. São Paulo: Atlas, 2007.

BRAGHITTONI, Rogério Ives. **O princípio do contraditório no processo: doutrina e prática**. Rio de Janeiro: Forense Universitária, 2002.

BRETONE, Mario. **História do direito romano**. Trad. Isabel Tereza Santos e Hossein Seddighzadeh Shooja. Lisboa: Editorial Estampa, 1988.

CANOTILHO, José Joaquim Gomes. **Estado de direito**. Lisboa: Gradiva, 1999.

CARMIGNANI, Maria Cristina da Silva. **A origem romana da tutela antecipada**. São Paulo: LTr, 2001.

CARREIRA ALVIM, José Eduardo. **Tutela antecipada**. 3ª ed., Curitiba: Juruá, 2003.

CASTRO, Carlos Roberto Siqueira. **A constituição aberta e os direitos fundamentais: ensaios sobre o constitucionalismo pós-moderno e comunitário**. Rio de Janeiro: Forense, 2010.

CASTRO, Flávia Lages de. **História do direito: geral e Brasil**. Rio de Janeiro: Editora Lumen Juris, 2003.

CHAMOUN, Ebert. **Instituições de direito romano**. 2ª ed., rev. e aum., Rio de Janeiro: Forense, 1954.

COELHO, Fábio Alexandre. **Teoria geral do processo**. 2ª ed. rev. atual. e ampl., São Paulo: Editora Juarez de Oliveira, 2007.

COGLIOLO, Pietro. **Lições de filosofia do direito e de direito privado**. Trad. Henrique de Carvalho. Belo Horizonte: Editora Líder, 2004.

COLUCCI, Benjamin. **Direito romano: programa completo da Faculdade Nacional de Direito**. Juiz de Fora – Minas Gerais: Gráfica Comércio e Indústria Ltda, 1961.

CRETELLA JÚNIOR, José. **Curso de direito romano: o direito romano e o direito civil brasileiro**. 27ª ed., Rio de Janeiro: Forense, 2002.

CUNHA, Sérgio Sérvulo da. **Princípios constitucionais**. São Paulo: Saraiva, 2006.

***DIGESTO DE JUSTINIANO, liber primus: introdução ao direito Romano* / Imperador do Oriente Justiniano**. 4ª ed. rev. da tradução. Trad. Hélcio Maciel França Madeira. Prólogo Pierangelo Catalano. São Paulo: Editora Revista dos Tribunais, 2009.

DINAMARCO, Cândido Rangel. **A instrumentalidade do processo**. 12ª ed., rev. e atual., São Paulo: Malheiros Editores, 2005.

DUARTE, Ronnie Preuss. **Garantia de acesso à justiça: os direitos processuais fundamentais**. Coimbra: Coimbra Editora, 2007.

ESPÍNDOLA, Ruy Samuel. **Conceito de princípios constitucionais: elementos teóricos para uma formulação dogmática constitucionalmente adequada**. São Paulo: Editora Revista dos Tribunais, 1998.

FERNÁNDEZ DE BUJÁN, Antonio. **Jurisdicción y arbitraje en Derecho Romano**. Madrid: Iustel, 2006.

FOIGNET, Rene. **Manual elemental de derecho romano**. Traducción Arturo Fernandez Aguirre. Puebla, México: Editorial Jose M. Cajica, Jr., S.A., 1956.

FREITAS, Paulo de. **Direito processual subjetivo**. São Paulo: Saraiva, 1953.

FUX, Luiz. **Tutela de segurança e tutela da evidência: fundamentos da tutela antecipada**. São Paulo: Saraiva, 1996.

GAJARDONI, Fernando da Fonseca. **Flexibilização procedimental: um novo enfoque para o estudo do procedimento em matéria processual, de acordo com as recentes reformas do CPC**. São Paulo: Atlas, 2008.

GALINDO, Bruno. **Direitos fundamentais: análise de sua concretização constitucional**. Curitiba: Juruá, 2003.

GAMA, Ricardo Rodrigues. **Efetividade no processo civil**. Campinas, SP: Copola, 1999.

GANDOLFI, Giuseppe. **Contributo allo studio del processo interditalle romano**. Milano: Dott. A. Giuffrè – Editore, 1955.

GERAIGE NETO, Zaiden. **O princípio da inafastabilidade do controle jurisdicional: art. 5.º, inciso XXXV, da Constituição Federal**. São Paulo: Editora Revista dos Tribunais, 2003.

GILISSEN, John. **Introdução histórica ao direito**. 2ª ed. Trad. A. M. Hespanha e L. M. Macaísta Malheiros. Lisboa: Fundação Calouste Gulbenkian, 1995.

GIORDANI, Mário Curtis. **Iniciação ao direito romano**. 5ª ed., Rio de Janeiro: Editora Lumen Juris, 2003.

GRIMM, Dieter. **Constituição e política**. Trad. Geraldo de Carvalho. Coordenação e supervisão Luiz Moreira. Belo Horizonte: Del Rey, 2006.

GRINOVER, Ada Pellegrini Grinover. **As garantias constitucionais do direito de ação**. São Paulo: Ed. Revista dos Tribunais, 1973.

GUARINO, Antonio. **Profilo di diritto privato romano**. Seconda edizione. Napoli: Casa Editrice Dott. Eugenio Jovene, 1953.

GUERRA FILHO, Willis Santiago. **Teoria processual da constituição**. 2. ed., São Paulo: Celso Bastos Editor: Instituto Brasileiro de Direito Constitucional, 2000.

HESSE, Konrad. **Temas fundamentais de direito constitucional**. Textos selecionados e traduzidos por Carlos dos Santos Almeida, Gilmar Ferreira Mendes, Inocêncio Mártires Coelho. São Paulo: Saraiva, 2009.

INSTITUIÇÕES DE JUSTINIANO. Trad. Sidnei Ribeiro de Souza e Dorival Marques. Assistência técnico-jurídica: Prof. José de Oliveira Godoy, Prof. Hamilton Rodrigues e Dr. Alencar Ferreira. Curitiba – Paraná: Tribunais do Brasil Editora Ltda, 1979.

INSTITUTAS DO IMPERADOR JUSTINIANO. Trad. e notas de Edson Bini. Bauru, SP: EDIPRO, 2001.

INSTITUTAS DO JURISCONSULTO GAIO. Trad. J. Cretella Jr. e Agnes Cretella. São Paulo: Editora Revista dos Tribunais, 2004.

JUSTO, A. Santos. **Direito Privado Romano – I. Parte geral: introdução, relação jurídica, defesa dos direitos**. 4ª ed., Coimbra: Coimbra Editora, 2008.

LACERDA, Galeno. Mandados e sentenças liminares: contribuição para a reforma processual. In: **Revista da Faculdade de Direito da Universidade de Uberlândia**. Vol. 1. N. 1. Uberlândia – MG: Revista da Faculdade de Direito da Universidade de Uberlândia, pp. 49 a 67, 1972.

MALBERG, R. Carré de. **Teoría general del Estado**. 2ª edicción. Traducción de José Lion Depetre. México: Facultad de Derecho / UNAM; Fondo de Cultura Económica, 2001.

MARCATO, Antonio Carlos. **Procedimentos especiais**. São Paulo: Atlas, 2004.

MARINONI, Luiz Guilherme. **A antecipação da tutela**. 4ª ed., rev. e ampl., São Paulo: Malheiros Editores, 1998.

MARMELSTEIN, George. **Curso de direitos fundamentais**. 2ª ed., São Paulo: Atlas, 2009.

MARQUES, José Frederico. **Instituições de direito processual civil**. Volume IV. Campinas: Millennium, 2000.

MATTOS, Sérgio Luís Wetzel de. **Devido processo legal e proteção de direitos**. Porto Alegre: Livraria do Advogado Editora, 2009.

MAYNZ, Charles. **Cours de droit romain**. Tome premier. Quatrième édition. Bruxelles: Bruylant-Christophe & Cie, Libraires-Éditeurs, *1876*.

MOMMSEN, Teodoro. **Compendio del derecho publico romano**. [s.trad.] Buenos Aires: Editorial Impulso, 1942.

NERY JUNIOR, Nelson. **Princípios do processo civil na Constituição Federal**. 8ª ed. rev., ampl. e atual. com as novas súmulas do STF e com análise sobre a relativização da coisa julgada, São Paulo: Editora Revista dos Tribunais, 2004.

OLIVA SANTOS, Andres de La. **Sobre el derecho a la tutela jurisdicional: la persona ante la administración de justicia: derechos básicos**. Barcelona: Bosch, Casa Editorial, S.A., 1980.

OLIVEIRA, Carlos Alberto Alvaro de. **Do formalismo no processo civil**. 2ª ed. rev. e ampl., São Paulo: Saraiva, 2003.

OLIVEIRA, Flávio Luís de. **A antecipação da tutela dos alimentos provisórios e provisionais cumulados à ação de investigação de paternidade**. São Paulo: Malheiros Editores, 1999.

ORTOLÁN, M. **Compendio del derecho romano**. Traducción de Francisco Perez de Anaya e Melquides Perez Rivas. Buenos Aires: Editorial Atalaya, 1947.

PEIXOTO, José Carlos de Matos. **Curso de direito romano**. Tomo I. Rio de Janeiro: Editorial Peixoto, S.A., 1943.

PETIT, Eugène Henri Joseph. **Tratado elementar de direito romano**. Trad. Jorge Luís Custódio Porto. Adaptação e notas Ricardo Rodrigues Gama. Campinas: Russell Editores, 2003.

POTHIER, Robert Joseph. **Tratado das obrigações**. Trad. Adrian Sotero De Witt Batista e Douglas Dias Ferreira. Campinas: Servanda, 2001.

RAMOS, Elival da Silva. **Ativismo judicial: parâmetros dogmáticos**. São Paulo: Saraiva, 2010.

RODRIGUES, Horácio Wanderlei. **Acesso à justiça no direito processual brasileiro**. São Paulo: Acadêmica, 1994.

RONCAGLI, Giorgio. **Il giudicio sintetico nel processo civile romano**. Milano: Dott. A. Giuffré – Editore, 1955.

SCHÄFER, Jairo Gilberto. **Direitos fundamentais: proteção e restrições**. Porto Alegre: Livraria dos Advogados, 2001.

SCIALOJA, Vittorio. **Procedimiento civil romano: ejercicio y defensa de los derechos**. Traducción de Santiago Sentis Melendo y Marino Ayerra Redin. Prólogo a la edición en castellano por Vincenzo Arangio-Ruiz. Buenos Aires: Ediciones Jurídicas Europa-América, 1954.

SERAFINI, Filippo. **Istituzioni di diritto romano: comparato col diritto civile patrio.** Volume I. Introduzioni – Teorie Generali – Diritti reali. Decima edizione. Roma: Athenaeum, 1920.

SIDOU, J. M. Othon. **Processo civil comparado: (histórico e contemporâneo) à luz do código de processo civil brasileiro, modificado até 1996**. Rio de Janeiro: Forense Universitária, 1997.

SILVA, Christine Oliveira Peter da. **Hermenêutica de direitos fundamentais: uma proposta constitucionalmente adequada**. Brasília: Brasília Jurídica, 2005.

SILVA, De Plácido e. **Vocabulário Jurídico** – edição universitária. Volumes I, II, III e IV. 3ª ed., Rio de Janeiro: Forense, 1993.

SILVA, João Baptista da. **Processo romano: instrumento de eficácia jurisdicional**. Belo Horizonte: Ed. Líder, 2004.

SILVA, José Afonso da. **Comentário contextual à constituição**. 2ª ed., São Paulo: Malheiros Editores, 2006.

SILVA, Ovídio Araújo Baptista da. **Jurisdição e execução na tradição romano-canônica**. São Paulo: RT, 1998.

______. **Curso de processo civil: processo de conhecimento**. Volume 1. 5ª ed. rev. e atual., São Paulo: Editora Revista dos Tribunais, 2000.

SILVA, Virgílio Afonso da. **Direitos fundamentais: conteúdo essencial, restrições e eficácia**. 2ª ed., São Paulo: Malheiros Editores, 2010.

SILVEIRA, Paulo Fernando. **Devido processo legal = (Due process of Law)**. Belo Horizonte: Del Rey, 1996.

SOARES, Rogério Aguiar Munhoz. **Tutela jurisdicional diferenciada: tutelas de urgência e medidas liminares em geral**. São Paulo: Malheiros, 2000.

SPENGLER, Fabiana Marion. **Tempo, direito e constituição: reflexos na prestação jurisdicional do estado**. Porto Alegre: Livraria do Advogado, 2008.

STRECK, Lenio Luiz. **Jurisdição constitucional e hermenêutica: uma nova crítica do direito**. 2ª ed., Rio de Janeiro: Forense, 2004.

STRECK, Lenio Luiz; MORAIS, José Luis Bolzan de. **Ciência política e teoria do estado**. 7ª ed., Porto Alegre: Livraria dos Advogados Ed., 2010.

STRECK, Maria Luiza Schäfer. **Direito penal e constituição: a face oculta da proteção dos direitos fundamentais**. Porto Alegre: Livraria do Advogado Editora, 2009.

SUNSTEIN, Cass R. **A constituição parcial**. Trad. Manásses Teixeira Martins e Rafael Triginelli. Coordenador e supervisor Luiz Moreira. Belo Horizonte: Del Rey, 2008.

TUCCI, José Rogério Cruz e; Azevedo, Luiz Carlos de. **Lições de história do processo civil romano**. São Paulo: Editora Revista dos Tribunais, 2001.

TUCCI, José Rogério Cruz e. Jurisdição e poder. São Paulo: Editora Saraiva, 1987.

______. **Tempo e processo: uma análise empírica das repercussões do tempo na fenomenologia processual (civil e penal)**. São Paulo: Editora Revista dos Tribunais, 1997.

VILLEY, Michel. **Direito romano**. Trad. Fernando Couto. Porto-Portugal: Rés-Editora Lda, ano [s.d.]

WATANABE, Kazuo. **Da cognição no processo civil**. 3ª ed. rev. e atual., São Paulo: Perfil, 2005.

ZOLLINGER, Marcia. **Proteção processual dos direitos fundamentais**. Salvador: JusPODIVM, 2006.

www.ingramcontent.com/pod-product-compliance
Lightning Source LLC
LaVergne TN
LVHW050009170826
845677LV00023B/3259

* 9 7 8 6 5 9 9 0 5 2 9 4 1 *